EUROPAREISE 2 *Süd*®

© DEIKE PRESS

Wissen und Spaß rund um *Südeuropa*

KRONE

Die Deutsche Bibliothek-CIP-Einheitsaufnahme

EUROPAREISE 2 *Süd*®

1. Auflage 2005

Herausgeber: Dieter Krone, Lünen/Westfalen

Redaktion und Layout:
Verlag Horst Deike KG, D-78404 Konstanz, Ulrike Restle

Texte: Antina Deike-Münstermann
Illustration: M. Tophoven

Druckerei: Rondo-Druck GmbH, Ebersbach

ISBN 3-937485-42-2

Hallo Kinder, liebe Eltern!

In diesem Buch haben wir für euch die Länder Südeuropas zusammengestellt. Dabei war es uns wichtig, nicht nur zu erzählen, wie viele Einwohner ein Land hat oder wie die Hauptstadt eines Landes heißt. Uns war es wichtig, euch etwas über typische Nahrungsmittel, über Gewohnheiten und lustige sowie spannende Dinge zu berichten, die in diesen Ländern üblich sind.

Wusstest du, dass aus dem ***antiken Griechenland*** unser Alphabet stammt und dass dieses Land die Wiege der Demokratie ist?

Oder wusstest du, dass es ein ***Portugiese*** war, der zum ersten Mal um die Südspitze Afrikas segelte, um einen Weg nach Indien zu finden?

Warum das ***Croissant aus Österreich*** und nicht aus Frankreich stammt, kannst du in unserem Buch über Südeuropa nachlesen – und natürlich noch vieles mehr.

Eines solltest du aber noch wissen: Wenn du die ***Eule*** siehst, bedeutet das, hier erfährst du etwas ***Wissenswertes***. Warum das so ist? Die Eule – die griechische Göttin Athene trägt sie bei sich auf der Schulter – ist im alten Griechenland der ***Vogel der Weisheit*** gewesen. Wir haben uns entschieden, dass sie bei uns zum ***Symbol für Wissen*** wird. Doch Vorsicht: Eulen haben, je nach Land, auch andere Bedeutungen. So können sie auch Hexen- und Teufelsvögel sein (denke an Harry Potter), und die Italiener glaubten früher sogar einmal, dass der Blick der Eule töten könne.

So, nun viel Spaß

bei unserem Buch über Südeuropa!

Frankreich

Frankreich

Monaco

Geografie

Frankreich liegt im Westen Europas und hat die Form eines ***Sechsecks*** – eines Hexagons. Es grenzt im Osten an Belgien, Luxemburg und Deutschland, im Südosten an die Schweiz und Italien und im Süden an Andorra und Spanien. Frankreich hat zum europäischen Kernland noch Außengebiete bei Afrika, in der Karibik, in Südamerika und im Pazifik. Zu Frankreich gehört auch die Mittelmeerinsel ***Korsika.***

Frankreich

Hauptstadt: Paris
Sprache: Französisch
Währung: seit 2001 Euro, früher franz. Franc
Einwohner: 58 850 000
Fläche: 543 965 km²
Staatsform: Republik
Mitglied der EU seit 1951 (Gründungsmitglied)

Monaco

Monaco ist ein kleines ***Fürstentum*** im Südosten Frankreichs. Es ist unabhängig und hat einen Fürsten als Oberhaupt. In ***Monte Carlo***, einem Stadtviertel von Monaco, ist ein berühmtes ***Spielcasino***.

Einwohner: 32 000
Fläche: 1,95 km²

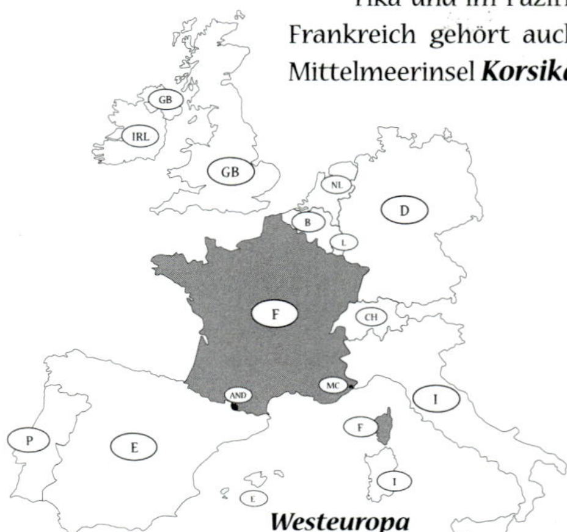

Westeuropa

Mensch und Natur

Der Franzose ist dafür bekannt, dass er sein Leben genießt. Man nennt das: ***le savoir vivre*** oder die Kunst zu leben. Gutes Essen wird hier genauso hoch geschätzt wie Mode, Musik und Kunst. Da das Land sehr groß ist, bietet es für den Urlauber fast alle Möglichkeiten: ***Skifahren*** im Winter, ***Baden*** im Sommer, und das entweder im Mittelmeer oder im Atlantik. Die Franzosen tragen gerne eine flache Wollkappe, ***Barett*** genannt.

Départements

Die Außengebiete Frankreichs werden ***D. O. M. T. O. M.*** genannt: Départements d'outre mer und Territoire d'outre mer. Départements sind Teile des französischen Staates (in Deutschland entspricht das einem Bundesland). Auf Guadeloupe in der Karibik zahlt man zum Beispiel mit Euro.

Paris

Paris ist die Hauptstadt Frankreichs und ein Zentrum europäischer Kultur. Gegründet durch die Kelten, wurde sie zur Zeit der Römer ***Lutetia*** genannt, was ihr vielleicht aus den Asterix-Comics kennt. Das bekannteste Bauwerk von Paris ist der ***Eiffelturm*** mit einer Höhe von 320,8 Metern. Er wurde 1889 für die Weltausstellung in Paris gebaut. In Paris steht übrigens die älteste Universität der Welt.

Weißt du eigentlich, wie man sich in Frankreich begrüßt? *Guten Tag heißt in Frankreich* ***Bonjour*** oder auch ***Salut!***

Mont-Saint-Michel

Mont heißt übersetzt Berg, und der Mont-Saint-Michel ist tatsächlich ein Berg, wenn auch nur ein kleiner Granitfelsen im Meer in der ***Normandie.*** Auf ihm liegt eine vor 1000 Jahren gegründete ***Benediktinerabtei***, ein Kloster, das bis heute ein Wallfahrtsort ist. Es ist von der Unesco als Weltkulturerbe anerkannt.

Provence

In der Provence findet man viele historische Plätze, die auch von den Römern erbaut wurden. Erwähnenswert ist der ***Pont du Gard***, eine dreistöckige Wasserleitung bei Nîmes, die über den Fluss Gardon führt. Auch die ***Camargue***, eine Sumpflandschaft im Süden Frankreichs, ist eine Reise wert, denn hier leben wilde weiße Pferde.

Frankreich

Französische Revolution

Das wichtigste Ereignis Frankreichs war im 18. Jahrhundert die Französische Revolution. Sie dauerte von 1789 bis 1799 und entstand, weil die Menschen die ungerechten Herrscher leid waren. Am ***14. Juli 1789*** stürmte das Volk das Pariser Gefängnis, ***die Bastille***, und befreite die Gefangenen. Wichtige Schlagworte der Revolution waren: ***Freiheit, Gleichheit, Brüderlichkeit.***

Napoleon Bonaparte

Nach dem Ende der Französischen Revolution kam ein genialer korsischer ***Feldherr*** an die Macht: Napoleon Bonaparte. Er krönte sich im Jahr 1804 zum ***Kaiser*** der Franzosen. Da er sich politisch zu viel vorgenommen hat – er wollte zum Beispiel Russland erobern –, wurde er aus Frankreich verbannt. Der erste ***Verbannungsort*** war die Insel Elba. Doch Napoleon ließ sich nicht einschüchtern und zog bald wieder in Paris ein – allerdings nur für 100 Tage. Die zweite Verbannung war dann endgültig: Die ***Insel Sankt Helena*** im Atlantik wurde sein letzter Aufenthaltsort. Er führte in Frankreich wichtige Gesetze ***(Code Napoleon)*** ein, die noch heute gelten.

Geschichte

Der fränkische Kaiser ***Karl der Große*** (9. Jahrhundert) war der erste große europäische Herrscher. Er regierte über ein Land, das Teile des heutigen Deutschlands und Frankreichs einschloss. Die Geschichte Frankreichs ist eine sehr europäische Geschichte, denn oft heirateten die Königshäuser untereinander: Engländer, Österreicher, Deutsche, Spanier und Franzosen.

Ludwig XIV.

Im 17. Jahrhundert regierte der berühmte ***Sonnenkönig***, König Ludwig XIV., der mit harter Hand (Absolutismus) herrschte. Er prägte den Satz: ***L' état c'est moi***, was so viel bedeutet wie „Der Staat, das bin ich!" Seine Politik war ganz auf ihn selbst bezogen. Er führte ein so teures Leben in seinem Schloss in Versailles (südlich von Paris), dass bei seinem Tod der Staat pleite war.

Helden

In Frankreich, damals Gallien, sind ***Asterix und Obelix*** die Helden. Sie lehnen sich gegen die römischen Besatzer und Julius Cäsar auf. Ein Zaubertrank, der ihnen unermessliche Kraft gibt, hilft ihnen dabei.

Inselglück mit 3 Dingen

Wenn der Franzose drei Dinge auf eine einsame Insel mitnehmen dürfte: es wären seine ***Boulekugeln***, seine ***Baguettes*** und sein ***Auto.***

Andere Länder, andere Sitten

Die Franzosen begrüßen sich nicht mit der Hand, sondern mit einem ***Luftkuss*** seitlich zur Wange. Es wird also gar nicht richtig geküsst. Je mehr Küsse links und rechts vergeben werden, desto enger ist die Freundschaft.

Pétanque

In Frankreich spielen die Menschen leidenschaftlich gerne ***Boule*** oder auch Pétanque. Es ist ein Spiel mit Eisenkugeln, bei dem jeder versucht, so nah wie möglich an eine kleine Holzkugel heranzuwerfen. Es ist ein ***Gesellschaftsspiel***, das auf öffentlichen Plätzen gespielt wird.

Essen und Trinken

Typisch für Frankreich ist die ***Baguette***, ein langes Weißbrot, das fast immer zum Essen als Beilage serviert wird. Fast genauso wichtig sind ***Käse*** und ***Wein***. Berühmt ist auch die ***Fischsuppe*** Bouillabaisse, sie stammt aus Marseille, einer Hafenstadt am Mittelmeer. Aber auch ***Austern***, ***Schnecken*** und ***Innereien*** werden gern gegessen. ***Kartoffeln*** werden in Frankreich oft als „Gratin" zubereitet. Das ist ein flacher Kartoffelauflauf mit Sahne. Kartoffel heißt in Frankreich ***pomme de terre***, was so viel heißt wie Erdapfel.

Piraten

Piraten bezeichnet man auch als ***Räuber der Meere***. Doch nicht alle raubten nur für sich selbst. Einige, Korsaren genannt, hatten einen ***offiziellen Auftrag*** eines Königs oder einer Königin: Sie lieferten ihre Beute direkt bei Hof ab. Französische Piraten waren zum Beispiel auf den ***Weltmeeren*** unterwegs, um spanische Schiffe zwischen Amerika und Europa auszurauben.

Unesco

Die internationale Organisation für Bildung, Wissenschaft und Kultur ist eine Unterorganisation der UNO– der Vereinten Nationen. Sie hat ihren Sitz in Paris.

Diese Organisation setzt Denkmäler und Bauwerke, ob natürlich oder von Menschenhand erstellt, unter Schutz.

Zurzeit sind es 611 Kulturdenkmäler und 154 Naturdenkmäler auf der ganzen Welt.

Aber nicht jedes Bauwerk oder jeder Park kann unter den Schutz der Unesco gestellt werden. Dafür gibt es ganz bestimmte Regeln:

Ein ***Weltkulturerbe*** muss ***einzigartig, bedeutungsvoll*** und beispielhaft sein und ***seine Umgebung stark beeinflussen.***

Schöne oder beispielhafte Orte gibt es auf der ganzen Welt, und jedes Jahr kommen neue zum Weltkulturerbe hinzu. Um euch einen kleinen Eindruck über die Vielfalt dieser Denkmäler zu geben, hier ein paar Beispiele:

In Nordeuropa sind das zum Beispiel die Altstadt der belgischen Stadt Brügge, in Dänemark die Grabhügel von Jelling, in Deutschland der Dom in Speyer oder die Klosterinsel Reichenau im Bodensee. In England ist es die Stein-Kultstätte Stonehenge im Süden Englands oder die alte Hafenanlage von

Liverpool. Aber auch die Altstadt von Luxemburg und der Kreml in Moskau sind durch die Unesco geschützt.

In Südeuropa gibt es natürlich genauso viele Denkmäler: In Frankreich ist es das Schloss Versailles oder der Mont Saint-Michel in der Bretagne.

In Italien sind es zum Beispiel die Ausgrabungsstätten der vom Vesuv verschütteten Städte Pompeji und Herculaneum; in Griechenland die Insel Delos und die Ruinen von Olympia.

Die Liste ist natürlich noch viel länger, und wenn du einmal in den Reiseführer deiner Eltern schaust: Wo immer ihr seid, werdet ihr bestimmt einen dieser Orte finden. Hier zum Beispiel die Brücke von Mostar in Bosnien-Herzegowina.

Auf grosser Fahrt

Das obere Bild zeigt am linken Rand 4 kleine Bildchen, die Ausschnitte aus dem großen Bild darstellen sollen. Nur eines davon ist aber wirklich im großen Bild enthalten. Welches ist es? Außerdem haben sich acht Unterschiede zwischen oben und unten eingeschlichen?

Auflösung:
Das zweite Bild von unten (Gesicht des Nilpferds) ist wirklich ein Ausschnitt aus dem großen Bild. Die 8 Veränderungen sind: Käfer, Wolke, Angelschnur, Hut des Bären, Anker, Pulli des Hasen, Nasenloch von Nilpferd, 5 im Kamin.

Lustige Äffchenmarionette

Du brauchst: Kleber, Klebefilm, eine Schere, dünnen Karton, 3 ca. 6 cm lange Trinkhalmestücke, 2 Perlen, Faden.

Quarks der Bananen-Räuber

1. Klebe diesen Bogen auf den Karton.
2. Schneide den Affen und die Bananen aus.
3. Klebe 2 Trinkhalmstücke von hinten gegen den Affen.
4. Führe den Faden durch das 3. Trinkhalmstück. Klebe den Trinkhalm mit Klebefilm von hinten gegen die Bananenstaude. Fädle den Affen auf die Fäden und knote die Perlen an den Fadenenden fest.
5. Befestige das Ganze mit Klebefilm an der Tür. Halte die Fäden in beiden Händen. Durch viel und wenig Fadenspannung fängt der Affe an zu klettern.

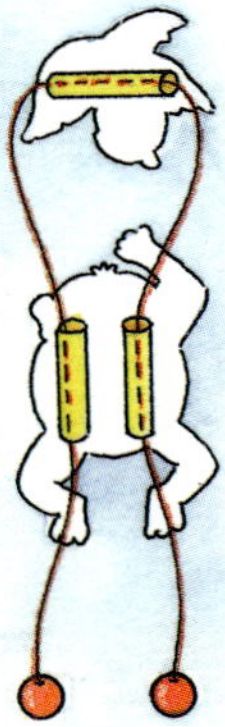

Schweiz und Liechtenstein

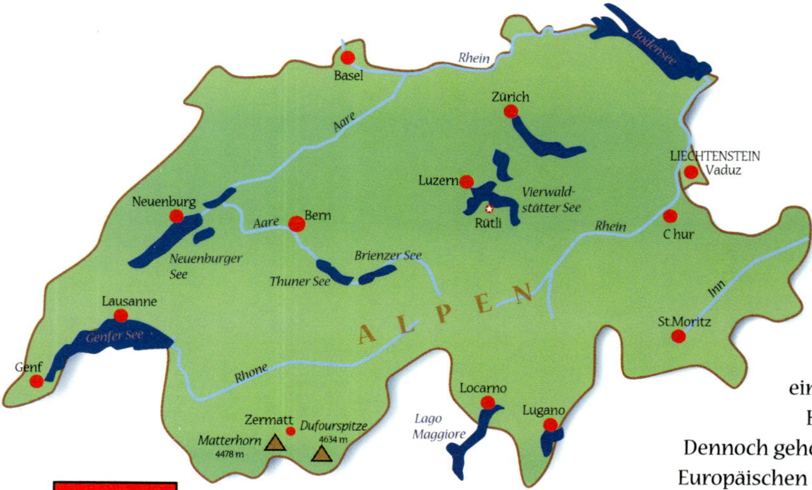

Geografie

Die Schweiz ist ein ***Alpenland*** im Herzen Europas. Dennoch gehört sie nicht zur Europäischen Union, denn die Schweizer lieben ihre Unabhängigkeit. Das Land grenzt an Deutschland, Frankreich, Italien, Österreich und das Fürstentum Liechtenstein.

Der höchste Berg ist die ***Dufourspitze*** im Monte Rosa Massiv (4634 m), und der berühmteste Berg ist das ***Matterhorn*** (4478 m) bei Zermatt.

Ganz nah bei der Schweiz ist das ***Fürstentum Liechtenstein***, das berühmt für seine vielen Geldinstitute ist. Hier bezahlt man ebenfalls in Schweizer Franken. Der Fürst Hans-Adam II. hat trotz Parlament, eine hohe politische Macht. Liechtenstein liegt zwischen St. Gallen, Chur und dem österreichischen Bundesland Vorarlberg. In vielen Dingen ist Liechtenstein an die Schweiz angegliedert, etwa bei der Währung und der Post.

Schweiz

Liechtenstein

Schweiz

Hauptstadt: Bern
Sprache: Deutsch, Französisch, Italienisch, Rätoromanisch
Währung: Schweizer Franken
Einwohner: 7 180 000
Fläche: 41 284,5 km²
Schweizerische Eidgenossenschaft

Liechtenstein

Hauptstadt: Vaduz
Sprache: Deutsch
Währung: Schweizer Franken
Einwohner: 32 000
Fläche: 160 km²
Parlamentarische Monarchie seit 1921

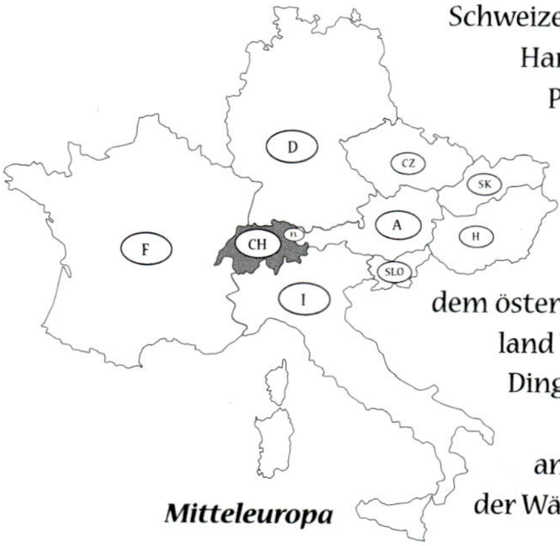

Mitteleuropa

Mensch und Natur

Landwirtschaft wird in der Schweiz groß geschrieben. Die Landschaft ist geprägt von Kühen, saftigen grünen Wiesen, hohen Bergen und vielen Bergtieren: Murmeltieren, Gämsen und Steinböcken. Obwohl die Schweiz einer der kleinsten Staaten Europas ist, spricht man hier vier verschiedene ***Sprachen.*** Die Schweizer lieben volkstümliche Musik, sie jodeln gerne und spielen das ***Alphorn.*** Es ist ein langes Holzhorn, das auf dem Boden aufliegt.

Röstigraben

Der Röstigraben ist die scherzhafte Bezeichnung der Sprach- und Kulturgrenze zwischen der deutsch- und der französischsprachigen Schweiz.

Bern und Luzern

Die Hauptstadt der Schweiz ist Bern. Sie hat den Bären in ihrem Wappen. Eine alte Legende erzählt, dass ein Bär das erste Tier war, das der Gründer der Stadt, Berchthold V. von Zähringen, erlegte. Nach diesem Tier wurde die Stadt benannt. In Luzern steht die älteste Holzbrücke Europas: die ***Kapellbrücke.***

Grüetzi!

So begrüßt man sich in der Schweiz auf ***Schwyzerdütsch***, und das heißt nichts anderes als „Guten Tag!"

Die Alpen

Die Alpen – übersetzt ***weiße Berge*** – sind das größte Gebirge Europas. Sieben Länder Europas liegen in oder an den Alpen: Italien, Frankreich, Deutschland, Schweiz, Österreich, Liechtenstein und Slowenien. Da die Schweiz komplett mit den Alpen verwurzelt ist, ist sie auch eines der schönsten Ski- und Wandergebiete der Welt. Orte wie ***Davos, Arosa, St. Moritz*** oder ***Zermatt*** kennen auch sportbegeisterte Amerikaner oder Japaner. Die Alpen sind auch berühmt für ihre Artenvielfalt. Ob ***Enzian*** oder ***Edelweiß***, ob Gämse oder Steinbock – hier oben sind viele seltene Blumen und Tiere, die Sandalentouristen in den Tälern nie sehen werden.

Schweiz und Liechtenstein

Durch diese hohle Gasse muss er kommen

Der Ausdruck „Durch diese hohle Gasse muss er kommen" stammt aus dem Drama

„Wilhelm Tell" von Friedrich Schiller, das die Geschichte des Schweizer Nationalhelden erzählt. Da Tell sich weigerte, sich vor dem herrschenden Vogt zu verneigen, zwang dieser Vogt Wilhelm Tell, einen ***Apfel*** vom Kopf seines Sohnes zu schießen. Gott sei Dank war er ein guter Schütze, und so gelang der Apfelschuss. Tell lauerte daraufhin dem Vogt in einem Hohlweg auf, wo er ihn mit seinem zweiten Pfeil erschoss.

Helden

Die wunderschöne Berglandschaft nennt man im Ausland auch gern ***Heidiland***, benannt nach dem berühmten Kinderbuch von ***Johanna Spyri***, „Heidis Lehr- und Wanderjahre". Dieses Buch erzählt die Geschichte eines kleinen Mädchens, das bei ihrem Großvater in den Bergen aufwächst.

Geschichte

Auf der berühmten ***Rütliwiese*** am Vierwaldstättersee wurde die Schweiz zur ***Eidgenossenschaft*** (1291) und damit selbstständig. Nach einer Legende schworen Vertreter aus den drei Kantonen Uri, Schwyz und Unterwalden (ein Kanton ist ein Land innerhalb der Schweiz) am 1. August 1291 einen Bündniseid. Der Eid wurde gegen die damaligen Machthaber (Habsburger) geschworen: der ***Rütlischwur***. Noch heute ist der ***1. August*** Nationalfeiertag der Schweizer.

Wilhem Tell

Eng verbunden mit dem Rütlischwur ist auch die Sage von Wilhelm Tell. Obwohl es nicht sicher ist, ob es ihn gab, ist Wilhelm Tell der ***Nationalheld*** der Schweizer. Auch er soll auf dieser Wiese seine Hilfe im Freiheitskampf angeboten haben. Doch Tell schwor nicht. Er wollte kämpfen anstatt zu reden.

Inselglück mit 3 Dingen

Wenn der Schweizer drei Dinge auf eine einsame Insel mitnehmen dürfte: es wären eine ***Schweizer Uhr, Schweizer Schokolade*** und sein ***Bankkonto.***

Andere Länder, andere Sitten

Ein Großteil der Schweiz spricht Deutsch. Dieses Deutsch hört sich aber ganz anders an, denn es ist eine eigene Sprache mit vielen eigenen Begriffen. So geht der Schweizer nicht einkaufen, sondern „***posten***", und „***Guetzli***" sind keine Bonbons, sondern Kekse.

Demokratie

In der Schweiz wird bis heute nicht nur das Parlament gewählt. Alle Bürger dürfen bei wichtigen Fragen der Politik mit ja oder nein abstimmen und sind an der Politik somit auch ***direkt*** beteiligt.

Essen und Trinken

Die Schweizer sind berühmt für ihren ***Käse*** und ihre ***Schokolade.*** Das ***Käsefondue*** ist zum Beispiel ein typisches Gericht in der Schweiz: Es ist ein geselliges Essen, bei dem alle aus einem Topf essen. Dabei werden Brotstücke oder Kartoffeln in geschmolzenen Käse getunkt. Fondue kann man auch mit Schokolade machen. Hierfür tunkt man frische Früchte in geschmolzene Schokolade.

Bahnreisen

Bahnreisen sind in der Schweiz etwas ganz Besonderes. Der berühmte ***Glacier-Express*** (Glacier steht für Gletscher) führt durch die Schweizer Berge Richtung Italien. Da es in der Schweiz viele Berge gibt, gibt es auch viele Pässe (ein Pass ist nicht nur ein Ausweis, sondern hier auch die höchste Stelle beim Überqueren eines Berges).

Bernhardiner

Auf dem Pass des Sankt Bernhard war früher eine wichtige Station für Reisende, Hospiz genannt. Dort waren ***Klosterleute*** schon im 18. Jahrhundert unterwegs, um nach verirrten Reisenden zu suchen. Sie wurden von großen Hunden, Bernhardinern, begleitet, die bei der Suche nach Verschütteten halfen.

Österreich

Österreich

Geografie

Österreich hat ***neun Bundesländer*** und zieht sich vom Bodensee im Westen bis auf den Balkan im Osten. Österreich wird auch die Alpenrepublik genannt und liegt mitten in Europa. Das Land feiert am 26. Oktober seinen Nationalfeiertag, an dem 1955 die ***Neutralität*** festgesetzt wurde.

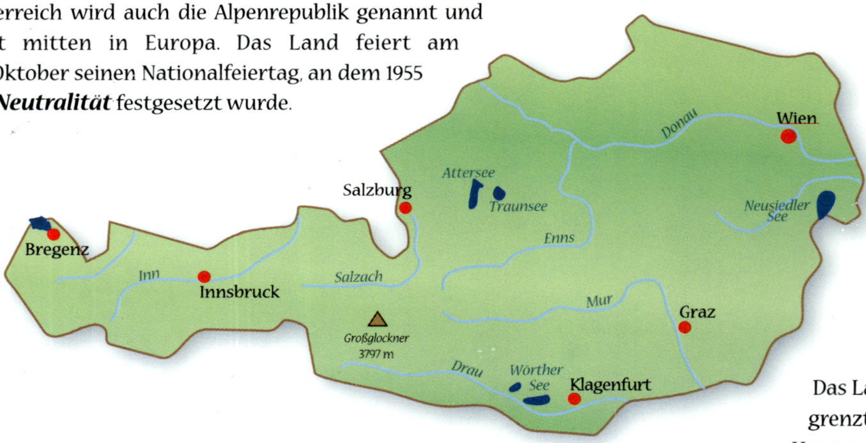

Das Land grenzt an Ungarn, die Slowakei und Tschechien im Osten, Slowenien, Kroatien und Italien im Süden, Deutschland, die Schweiz und Liechtenstein im Westen.

Österreich ist durch seine Geschichte und geografische Lage von Südosteuropa beeinflusst.

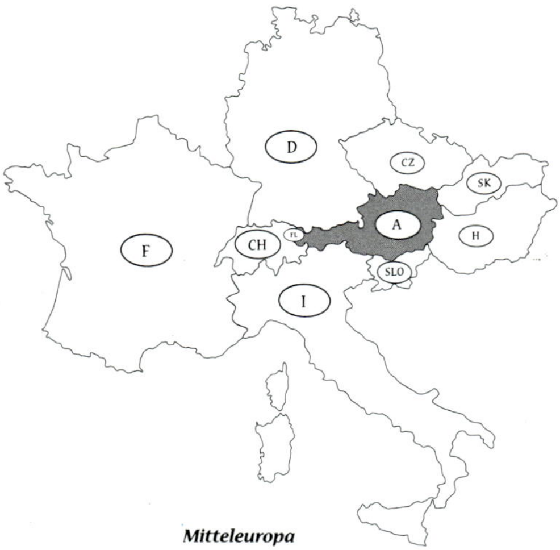

Mitteleuropa

Österreich

Hauptstadt: Wien
Sprache: Deutsch, Slowenisch, Kroatisch, Ungarisch
Währung: seit 2001 Euro, davor Schilling
Einwohner: 8 048 000
Fläche: 83 871 km²
Parlamentarischer Bundesstaat
Mitglied der EU seit 1995

Wien

Die Hauptstadt von Österreich liegt ganz im Osten des Landes, etwa eine Stunde westlich vor ungarischen Grenze. Hier haben die Kaiser Österreichs viele Spuren hinterlassen: das ***Schloss Schönbrunn*** oder die spanische Reitschule mit wunderschönen weißen Pferden, die man ***Lipizzaner*** nennt. Diese Pferde kommen aus Slowenien, das früher zu Österreich gehörte. Ein beliebtes Postkartenmotiv in Wien ist der ***Wiener Prater*** mit seinem Riesenrad sowie die Pferdekutschen, die ***Fiaker*** genannt werden.

Mensch und Natur

Österreich ist ein wunderbares Reiseland zum ***Skifahren*** und ***Wandern***, denn hier gibt es viele schöne und hohe Berge. Die Österreicher tanzen gerne, und zwar den ***Wiener Walzer***!

Servus!

So begrüßt man sich in Österreich und das heißt nichts anderes als „Guten Tag!"

Salzburg

Bei Salzburg liegt das älteste Kloster Österreichs: ***St. Peter***, das vom Heiligen Rupert gegründet wurde. Österreichs berühmtester Komponist ist Wolfgang Amadeus ***Mozart*** (von ihm stammt „Die Zauberflöte"), der in Salzburg geboren wurde. Heute kann man in Salzburg ***Mozartkugeln*** aus Schokolade kaufen, die mit Marzipan und Trüffelschokolade gefüllt sind.

Europabrücke

In Österreich ist auch die berühmte Europabrücke, die auf dem Weg nach Italien in der Nähe des Brenners liegt. Sie ist mit 190 m eine der höchsten Brücken Europas.

Österreich

Wiener Kongress

Diese Zusammenkunft von Politikern und Diplomaten fand ***1815*** in Wien statt. Nachdem man den französischen Kaiser Napoleon Bonaparte (siehe auch Frankreich) auf die Insel Elba verbannt hatte, wurde es notwendig, die ***politische Ordnung*** in ganz Europa neu zu regeln.

„Spitzel"

Ein Spitzel ist eine Art Spion. Er hört, was nicht für andere bestimmt ist, und gibt dies weiter. Das Wort Spitzel kam Anfang des 19. Jahrhunderts in Österreich auf, als rund um den ***Wiener Kongress*** eine rege Spionagetätigkeit einsetzte. Man vermutet, dass der Spitzel eine Verkleinerungsform des Spitzes ist. Diese Hunderasse gilt mit seinen aufmerksam gespitzten Ohren als idealer Wachhund.

Inselglück mit 3 Dingen

Wenn der Österreicher drei Dinge auf eine einsame Insel mitnehmen dürfte: es wären reichlich ***Palatschinken***, eine Langspielplatte mit einem ***Strauß-Walzer*** und seine ***Bergstiefel***.

Geschichte

Österreich war bis vor fast 100 Jahren eine ***Monarchie***, das heißt, dass ein König – oder in Österreich ein Kaiser – das Land regierte. Das österreichische Kaiserreich war in Europa sehr mächtig, und die Herrscher waren oft auch Könige anderer Länder, wie zum Beispiel von Ungarn. Viele berühmte europäische Herrscher und Herrscherinnen kamen aus Österreich, wie Sisi oder ***Maria Theresia***. Heute ist Österreich eine ***Republik***, in der die Regierung vom Volk gewählt wird.

Habsburg

Über ***600 Jahre***, bis 1918, hat die Familie der Habsburger in Österreich regiert. ***Rudolf I. von Habsburg*** war 1278 der erste österreichische König. Das Stammschloss der Habsburger liegt in der Schweiz in der Nähe von Baden in Aargau.

Helden

Wahrscheinlich ist ***Sisi*** die berühmteste Österreicherin. Vor etwa 120 Jahren war sie ***Kaiserin*** von Österreich. Sie liebte Tiere, ritt gerne und hatte Haare, die bis zum Po reichten. Sie und ihre Kleider waren wunderschön, und sie war ein großes Vorbild.

Andere Länder, andere Sitten

In Europa gibt es verschiedene Begrüßungsformen. Der Österreicher ist dafür bekannt, das er nicht umarmt oder einem die Hand drückt; der Österreicher küsst der Dame die Hand und sagt: ***Küss die Hand, gnädige Frau!*** Sitte, Anstand und gutes Benehmen sind ihm sehr wichtig.

Essen und Trinken

Die Österreicher lieben es süß! ***Mehlspeisen*** stehen ganz oben auf der Speisekarte. Berühmt sind zum Beispiel die ***Palatschinken*** (bei uns heißt er Pfannkuchen (siehe auch Ungarn) und der ***Kaiserschmarrn*** mit Topfen (Quark) und die verschiedenen Knödelsorten. Bei vielen bekannten Nachspeisen darf man die ***Sachertorte*** nicht vergessen, eine sehr schokoladige Schokoladentorte, erfunden von einem Wiener Konditor namens Sacher! Eine typische Hauptspeise ist das ***Wiener Kartoffelgulasch***, das mit Würstchen gegessen wird.

Kaffeehaus

Österreich und ganz besonders Wien ist für seine Kaffeehäuser berühmt, in denen man bei einem guten Kaffee (Melange) oft live Klavier hören kann. Aus diesem Grund nennt man Klavierstücke manchmal auch ***Kaffeehausmusik***.

Kaffee und Croissants

Das Croissant scheint französisch, aber es stammt eigentlich aus Österreich. Der Legende nach passierte bei der ***türkischen Belagerung Wiens*** (vor 320 Jahren) folgende Geschichte: Weil die Türken die Stadt nicht erobern konnten, bauten sie einen Tunnel. Dabei wurden sie von den arbeitsamen Wiener ***Bäckern*** entdeckt, und Wien war gerettet. Als Dankeschön bekamen sie die Erlaubnis, ein Gebäck in Form des ***türkischen Halbmondes*** herzustellen: das Croissant.

Gute Reise

Das Schaf will auch noch mit auf die Arche Noah. Doch der listige Pirat will das verhindern. Welchen Weg muss das kleine Schaf nehmen, um zum Schiff zu gelangen?

Delfin Rätsel

Viele lustige Delfine springen, schwimmen und spielen durcheinander!
1. Wenn du die Buchstaben mit Hilfe der Zahlen in die richtige Reihenfolge bringst, erhältst du das Lösungswort mit 12 Buchstaben. 2. Schau genau hin, welche anderen Tiere erkennst du? 3. Die verspielten Delfine haben 6 Gegenstände gefunden, welche sind das?

1. Sonnenbrille
2. Tier Nr. 1 = Fisch, Tier Nr. 9 = Pinguin, Tier Nr. 10 = Seelöwe. Auf dem Meeresboden liegen eine Schnecke und drei Seesterne.
3. 1. Nr. 3: Baseballkappe, 2. Nr. 4: Rettungsring, 3. Nr. 7: Bikinioberteil, 4. Nr. 8: Spielente, 5. Nr. 6: Halskette, 6. in der Bildmitte ein Ball

Ungarn

Ungarn

Geografie

Ungarn liegt im Südosten Europas und grenzt an Österreich, die Slowakei, die Ukraine, Rumänien, Serbien, Kroatien und Slowenien. Ungarn ist ein Binnenland, das heißt, dass es an keinem Meer liegt. Die Donau, einer der wichtigsten Flüsse Europas, fließt an der nördlichen Grenze durch Ungarn, um dann mitten durch Budapest nach Süden zu fließen.

In Ungarn begrüßt man sich mit: ***Szervusz*** und ***Jó napot!*** Das heißt „Guten Tag!"

Ungarn

Hauptstadt: Budapest
Sprache: Ungarisch
Währung: Forint
Einwohner: 10 022 000
Fläche: 93 030 km²
Staatsform: Republik
Mitglied der EU seit 2004

Südosteuropa

Mensch und Natur

In Ungarn leben neben den ***Magyaren*** (so heißen die Ungarn auf ungarisch) auch Roma (siehe Slowakei) und andere Volksgruppen. Die Mehrzahl der Ungarn sind Christen. Sie gelten als großzügig, tolerant und witzig. Die ***Puszta***, eine berühmte ungarische Tiefebene, ist eine der ältesten Kulturlandschaften Europas. Hier lebten vor tausenden von Jahren bereits Menschen. Diese steppenartige Landschaft ist ein Reiterparadies, denn hier gibt es noch wildlebende Pferde. In der Puszta liegt der auch größte Binnensee Mitteleuropas: der ***Plattensee***.

Inselglück mit 3 Dingen

Wenn der Ungar drei Dinge auf eine einsame Insel mitnehmen dürfte: Es wären ***Paprikagewürz***, die ***Puszta*** und eine ***Geige***.

Budapest

Budapest ist die Hauptstadt Ungarns und die Stadt liegt direkt an der Donau. Einst bestand Budapest aus drei Städten: Pest, Buda und Obuda. Auch Budapest wurde von den Römern gegründet und hieß in der Antike Aquincum. Aqua ist das lateinische Wort für Wasser, und in der Tat spielt Wasser in Budapest eine sehr große Rolle. Budapest ist nämlich Europas größte ***Kurstadt*** mit Jahrhunderte alten Bädern und 120 ***heißen Quellen***.

Geschichte

Die Ungarn stammen von einem sehr räuberischen Volksstamm ab, den Magyaren. Dieser Stamm war ursprünglich ein ***asiatisches Hirtenvolk***, das plündernd in ganz Osteuropa unterwegs war. König Stephan I., der vor 1000 Jahren lebte, war der erste Herrscher Ungarns und wurde Nationalheiliger des Landes. Zusammen mit Österreich bildete Ungarn im 13. Jahrhundert die sogenannte ***K. u. K.-Monarchie*** (Kaiserlich und Königlich), was bedeutete, dass österreichische Kaiser auch Könige Ungarns waren. Zu dieser Zeit war Deutsch die Amtssprache, und bis heute ist Ungarn in seinen Sitten und Gebräuchen stark mit Österreich verbunden.

Essen und Trinken

Die ungarische Küche ist herzhaft und fettreich. Nationalgericht ist das ***Gulasch***, ein Fleischeintopf. Das Nationalgewürz der Ungarn ist ***Paprika***. Berühmte Würste kommen aus Ungarn: die ***Szegediner*** und die ***Debreciner*** und Rotwein ist sehr beliebt. Die Palatschinke (ungarisch: ***Palacsinta***), ein gefüllter Eierkuchen, die der Österreicher so gerne isst, kommt übrigens aus Ungarn.

Andere Länder andere Sitten

In Ungarn sollte man viel Zeit für ein Gespräch einplanen, denn zuerst spricht man lange über das Wetter und die Politik und viel später erst wird besprochen, was man eigentlich sagen wollte.

Bulgarien

Guten Tag
heißt in Bulgarien:
Dober den! oder
Zdravaite!
für Hallo!

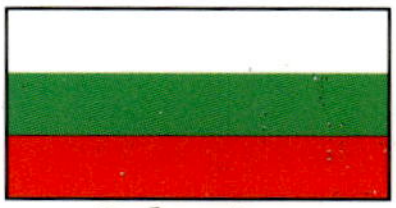

Bulgarien

Geografie

Bulgarien ist ein ***Balkanland.*** Die nördliche Grenze bildet die Donau, die Bulgarien von Rumänien trennt. Westlich liegen Serbien und Mazedonien, im Süden Griechenland und die Türkei. Im Osten liegt Bulgarien am Schwarzen Meer.

Bulgarien

Hauptstadt: Sofia
Sprache: Bulgarisch
Währung: Lew
Einwohner: 8 167 000
Fläche: 110 994 km²
Staatsform: Republik

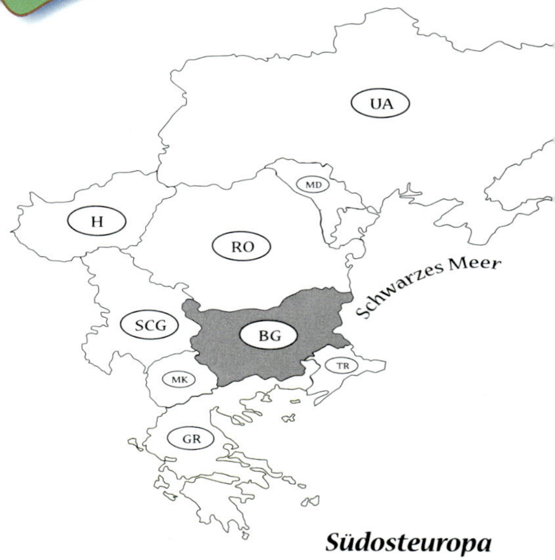

Südosteuropa

Mensch und Natur

Die meisten Bulgaren sind Christen und gehören zur ***christlich-orthodoxen*** Kirche, die von Byzanz, dem heutigen Istanbul, geprägt wurde. Aber auch Türken und Roma leben in Bulgarien. Das Land ist für Höhlenforscher ein Paradies, denn hier gibt es ungefähr ***4500 Höhlen*** und ***Schluchten***. Die tiefste Höhle Bulgariens ist 415 m tief und die längste Höhle ist 15,535 km lang. Die bekannteste Höhle ist die ***Magura-Höhle***. Hier sind Felsmalereien an den Wänden, die vor 3000 Jahren von Menschen gezeichnet wurden. In Bulgariens Wäldern und Bergen leben Bären, Wölfe, Wildkatzen, Geier und Adler. Die Bulgaren sind sehr musikalisch und singen gern in Chören.

Bodenschätze

Die Region vom Ural bis hinunter an das Schwarze und das Kaspische Meer ist reich an ***Bodenschätzen:*** Braunkohle, Eisen, Erdöl und Erdgas sowie Gold.

Sofia

Die Hauptstadt Bulgariens liegt im Westen des Landes, nahe der serbischen Grenze. Die Stadt wurde von den Römern gegründet und einige Ruinen kann man heute noch sehen. Aber es gibt auch Moscheen aus der Zeit der Türkenherrschaft, die man später in christliche Kirchen umwandelte. Das Wahrzeichen Sofias ist die ***Alexander-Newski-Kathedrale***. Sie ist dem russischen Nationalheiligen Alexander Newski als Dank für die russische Hilfe gegen die Türkenherrschaft geweiht worden.

Geschichte

In der Frühzeit lebten hier die Volksstämme der Thraker und Makedonier. Ab dem 9. Jahrhundert wuchs der Einfluss Byzanz' auf die bulgarische Kultur. Zar Simeon I. war der erste wichtige Herrscher Bulgariens, und an seinem Hof wurde das ***kyrillische Alphabet*** erfunden. Bulgarien war früher ein sehr großes und mächtiges Land, das Gebiete des heutigen Griechenlands, Serbiens, Bosniens, Rumäniens und Teile der Ukraine einschloss. Aber rund 500 Jahre lang, bis ins 19. Jahrhundert, war das Land unter ***türkischer Herrschaft***. Nach dem Zweiten Weltkrieg wurde Bulgarien Mitglied des Warschauer Paktes, (siehe Russland). Seit 1990 wird hier wieder frei gewählt und Bulgarien möchte 2007 Mitglied der Europäischen Gemeinschaft werden.

Kyrillisch

Folgende Sprachen werden heute kyrillisch geschrieben: Russisch, Ukrainisch, Serbisch, Bulgarisch und Mazedonisch.

Essen und Trinken

Die Küche der Bulgaren ist sehr würzig und ähnelt der Küche anderer Balkanstaaten. Hier isst man gerne ***Lamm***, ***Gemüse*** und vor allem den berühmten bulgarischen ***Jogurt***. Je näher man ans Meer oder an die Donau kommt, desto häufiger kommt auch ***Fisch*** auf den Tisch. Nicht zu vergessen der ***Schafskäse***, der in der gesamten Region gegessen wird.

Rumänien

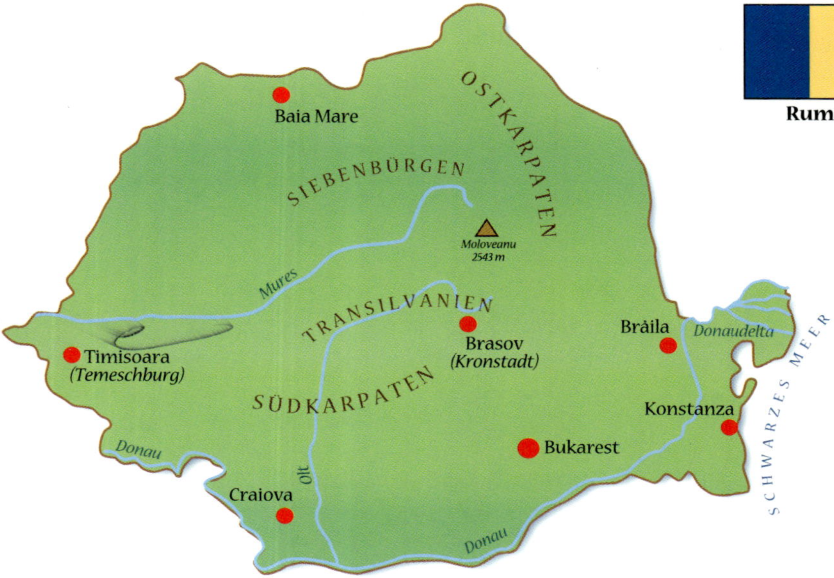

Rumänien

Geografie

Rumänien liegt nördlich von Bulgarien am Schwarzen Meer. Im Norden und Osten grenzt es an die Ukraine und Moldawien, im Westen an Ungarn und Serbien. Der Name Rumänien stammt aus der römischen Antike. ***Romania*** war damals die eigentliche Bezeichnung für das Römische Reich. Der Einfluss Roms war trotz der geografischen Entfernung groß.

Rumänien

Hauptstadt: Bukarest
Sprache: Rumänisch
Währung: Leu
Einwohner: 22 425 000
Fläche: 238 391 km^2
Staatsform: Republik

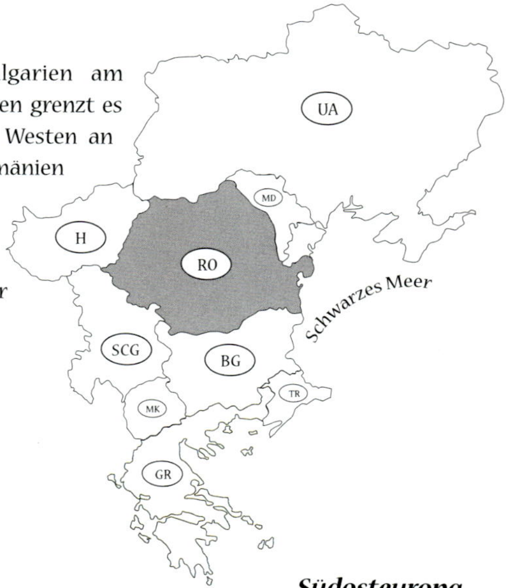

Südosteuropa

Mensch und Natur

Rumänien ist sowohl flach als auch bergig. Das Siebenbürger Hochland ist geprägt von dem Gebirge der ***Karpaten***, einem Hochgebirge, das sich auf Österreich, Tschechien, Slowakei, Ungarn, Polen, die Ukraine, Serbien und Montenegro verteilt. Das Gebirge ist 1300 km lang und zwischen 100 und 350 km breit. Es gilt als Fortsetzung der Alpen. In Rumänien leben viele verschiedene ***Volksgruppen***, die zum Teil aus ganz Europa hier eingewandert sind. Die Rumänen gehören hauptsächlich der christlich geprägten orthodoxen Kirche an.

Inselglück mit 3 Dingen

Wenn der Rumäne drei Dinge auf eine einsame Insel mitnehmen dürfte: Es wären ***ein selbstgebrannter Schnaps***, seine ***Freiheit*** und viel ***Knoblauch***.

Bukarest

Die Hauptstadt Rumäniens liegt im Süden des Landes in der ***Walachei.*** Sie wurde 1459 von Vlad III. gegründet. Vlad III. war ein grausamer Tyrann, der die Beinamen ***Draculea*** (Drache) und Tepes (der Pfähler) hatte. Da die Stadt im Zweiten Weltkrieg zerstört wurde und der ehemalige Herrscher Ceauçescu hässliche Betonbauten errichten ließ, ist von der alten Schönheit nicht mehr viel übrig. Man sagt Bukarest nach, dass es die Stadt mit den meisten ***Schlaglöchern*** auf der Welt ist.

Geschichte

Die rumänische Geschichte wurde stark von der römischen Antike beeinflusst. Rumänien ist das einzige Land Südosteuropas, in dem eine ***romanische Sprache*** gesprochen wird, das heißt eine Sprache, die vom Lateinischen abstammt. Zwar eroberten auch hier die Türken das Land, doch die Rumänen konnten sich viel von ihrer Selbstständigkeit bewahren. 1974 kam der Diktator Nikolae Ceauçescu an die Macht, der das Land bis zu seinem Tod hart und brutal regierte.

Siebenbürger Sachsen

Deutsche Siedler kamen vor Jahrhunderten nach Rumänien, um hier besser leben zu können. Es entwickelten sich Städte, in denen fast nur Deutsch gesprochen wurde. Nach dem Zusammenbruch der osteuropäischen Staaten 1990, sind viele dieser Deutschstämmigen wieder nach Deutschland zurückgekehrt. Die Siebenbürger Sachsen lebten zum Beispiel in Brasov, das früher Kronstadt hieß.

Dracula

Bereits Vlad II., der Vater des bekannten Gruselgrafen, trug den Beinamen Dracul. Sein Sohn, Vlad III. Draculea („Sohn des Dracul"), war es dann, der dem Namen Dracula traurige Berühmtheit verschaffte. Die Legenden, nach denen er Menschen gesiedet, zerstückelt und gebraten hat, mögen erfunden sein. Als Romanheld hat ihn der Schriftsteller ***Bram Stoker*** in seinem Buch „Dracula" verewigt.

Portugal

Portugal

Geografie

Portugal liegt auf der Iberischen Halbinsel westlich von Spanien und direkt am Atlantik. Die portugiesische Stadt ***Cabo da Roca*** ist der westlichste Punkt des europäischen Festlands. Zu Portugal gehören noch ***Madeira*** (die Holzinsel) und die ***Azoren*** (die Habichtinsel). Diese Inseln sind durch Vulkane entstanden.

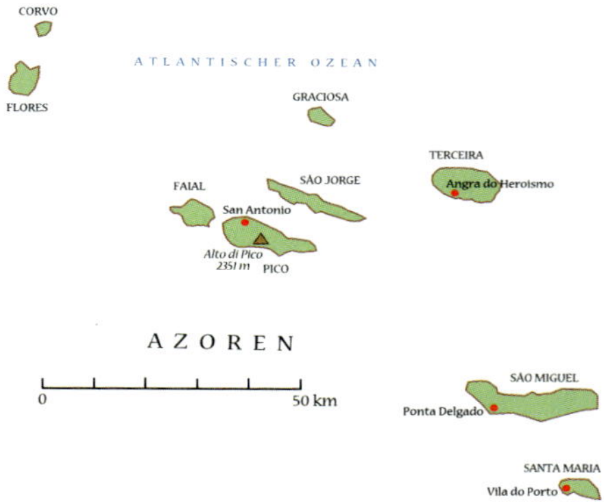

Portugal

Hauptstadt: Lissabon
Sprache: Portugiesisch
Währung: Euro
Einwohner: 10 010 000
Fläche: 92 345 km²
Staatsform: Republik
Mitglied der EU seit 1986

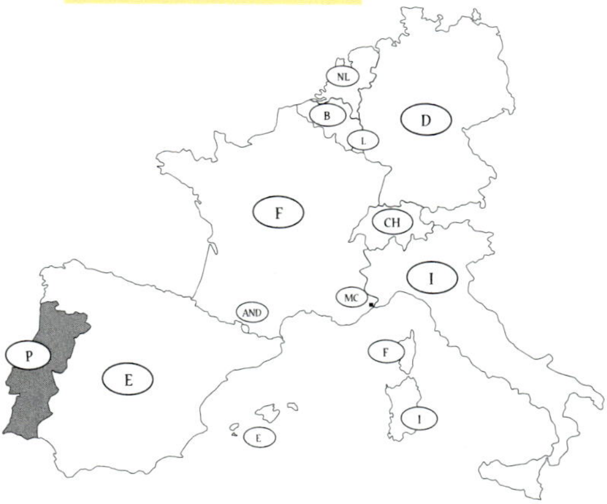

Südwesteuropa

Lissabon

Die Hauptstadt Portugals liegt an der Küste des Atlantischen Ozeans, direkt an der Mündung des Tejo, des längsten Flusses der Iberischen Halbinsel. Hier ist der einzige echte Naturhafen der Region. Das bekannteste Bauwerk der Stadt ist der ***Torre de Belém.*** Er wurde vor 500 Jahren als Leuchtturm angelegt, der die ankommenden Seefahrer begrüßen sollte. Guimarães war die erste Hauptstadt des Landes. Die Portugiesen nennen sie „die Wiege der Nation". ***Alfons I.*** der Eroberer, der erste König Portugals, wurde hier geboren.

Mensch und Natur

Kiefern, Eukalyptus, Steineichen und ***Korkeichen*** prägen die Landschaft Portugals. Es gibt dort noch viele wilde Tiere: Wölfe, Wildkatzen, Adler, Schlangen, aber auch Skorpione und Flamingos. Portugal ist sowohl bergig als auch flach. Die Portugiesen gelten als ausgesprochen ***melancholisch.*** Diese Stimmung wird in den einheimischen Volksweisen, genannt ***Fado,*** ausgedrückt. In Europa nennt man Portugal auch das ***Land der Poeten.***

Macau

Die Insel Macau, die direkt vor der chinesischen Küste liegt wurde im 16. Jahrhundert von portugiesischen Seefahrern gesichtet und besiedelt. Sie gilt als der älteste europäische Handelposten in Asien. 1999 wurde Macau an China zurückgegeben, nach 442 Jahren portugiesischer Herrschaft

Porto

Die Stadt liegt im Norden Portugals und der berühmte portugiesische Portwein wurde nach dieser Stadt benannt. Eine bekannte Sehenswürdigkeit Portos ist die ***Eisenbahnbrücke*** Maria Pia, die von dem französischen Ingenieur Gustave Eiffel konstruiert wurde (siehe Frankreich Paris: Eiffelturm).

Azorenhoch

Die Azoren sind eine Inselgruppe im Atlantik, die etwa 1500 km von der portugiesischen Küste entfernt liegen. Durch den ***warmen Golfstrom*** erwärmen sich dort die Luftmassen. Als Azorenhoch wandert dieser ***Luftstrom*** nach Mitteleuropa und beschert uns gutes Wetter.

Algarve

Die Algarve ist das Urlaubsparadies Portugals und wechselt zwischen Felsen- und Sandstränden. Unter den Mauren hieß dieser Teil Portugals ***Al-Gharb,*** der Westen. Der bekannteste Teil der Algarve liegt zwischen der Stadt Faro und ***Cabo de Sao Vicente,*** der Felsenalgarve. In der Nähe von Faro ist ein großes Naturschutzgebiet, ***Parque Natural da Ria Formosa.***

Portugal

Nelkenrevolution

Ungefähr 40 Jahre herrschte in Portugal eine ***Diktatur***. Diktatur bedeutet, dass eine Person oder eine kleine Gruppe über das Volk herrscht, ohne dass es mitreden darf. In einer Diktatur gibt es keine freien Wahlen. ***1974*** wehrte sich das Militär gegen die Diktatur und löste in Portugal eine Revolution aus. Die Revolution wird heute Nelkenrevolution genannt, weil damals eine ***Kellnerin*** eine Nelke in ein Gewehr steckte.

Geschichte

Portugal wurde von vielen verschiedenen Gruppen bevölkert, unter anderem Römern, Griechen und Mauren. Die geografische Nähe zu Spanien ist auch in der Geschichte erkennbar, denn beide Länder wurden teilweise von einem König regiert. Die Portugiesen waren eine echte ***Seefahrernation*** und eroberten Länder auf der ganzen Welt. ***Brasilien***, das größte südamerikanische Land, wurde im Jahr 1500 von Portugiesen entdeckt. Noch heute wird hier Portugiesisch gesprochen.

Seefahrer

Portugal konnte durch seine geografische Lage den Atlantik mit Schiffen erkunden. Unter dem portugiesischen Prinzen ***Heinrich dem Seefahrer*** wurden viele Entdeckungsfahrten nach Afrika und Richtung Madeira im Südwesten unternommen. Zwei portugiesische Seefahrer solltet ihr kennen. Der eine war ***Bartolomëu Diaz***, der als erster die Südspitze Afrikas, das Kap der Guten Hoffnung, umsegelte. Der andere Seefahrer war ***Vasco da Gama***, der zur selben Zeit wie Diaz lebte und von seinem König den Auftrag bekam, den Seeweg nach Indien zu erforschen – den er dann auch fand.

Guten Tag heißt in Portugal ***Bom dia!*** nach 12 Uhr mittags begrüßt man sich mit ***Boa tarde!*** Man kann aber auch ganz informell nur ***Olà!*** (Hallo!) sagen.

Inselglück mit 3 Dingen

Wenn die Portugiesen drei Dinge auf eine einsame Insel mitnehmen dürften:
Sie würden einen guten ***Portwein*** mitnehmen, ein ***Fischerboot*** und eine ***Angel***.

Essen und Trinken

Da die Portugiesen früher viele Entdeckungsfahrten unternahmen, ist ihre Küche vielfältig. Ob Fleisch, Eintopf oder Fisch, in Portugal ist alles möglich. Das Lieblingsgericht der Portugiesen ist dennoch der ***Stockfisch***, auch Kabeljau oder Dorsch genannt, und es scheint Hunderte von Zubereitungsarten zu geben. Bekannt ist Portugal auch für seinen Wein, zum Beispiel den ***Portwein*** und den ***Madeira***.

Portugiesisch

Portugiesisch ist eine romanische Sprache, die weltweit an sechster Stelle der ***meistgesprochenen Sprachen*** steht. Während der portugiesischen Monarchie trugen portugiesische Kaufleute, Forscher, Kolonisatoren und Missionare die Sprache ins Ausland. Noch heute ist portugiesisch neben Brasilien, auch in einigen afrikanischen Staaten, etwa den einstigen Kolonien Angola und Mosambik ***Amtssprache***.

Madeira

Die Insel Madeira liegt 545 km ***vor der Küste Afrikas*** und entstand durch Vulkane. Zu Madeira gehören noch weitere kleine, teils unbewohnte Inseln. Die Insel wurde vor etwa 500 Jahren von Seefahrern entdeckt. Der Norden ist sehr bergig und feucht, der Süden deutlich flacher und trocken. Um den trockenen Süden der Insel mit Wasser versorgen zu können, haben die Portugiesen Wasserkanäle, ***Levadas***, in die Berge hauen lassen, die das Wasser vom feuchten Norden in den trockenen Süden bringen. Diese Wasserläufe haben sich zu großartigen Wanderwegen entwickelt.

Spanien und Andorra

Fürstentum Andorra

Hauptstadt: Andorra la Vella
Sprache: Katalanisch
Währung: Euro
Einwohner: 68 000
Fläche: 467 km²
Staatsform: Fürstentum

Geografie

Spanien grenzt an Frankreich und Andorra im Norden und an Portugal im Westen. Es liegt auf der ***Iberischen Halbinsel***. An der südlichen Spitze Spaniens ist ein Landzipfel, der ***Gibraltar*** heißt. Sehr zum Unmut der Spanier gehört er aber zu Großbritannien. Spanien wird von Frankreich durch das Gebirge der ***Pyrenäen*** getrennt. Zu Spanien gehören noch etliche Inseln: unter anderem die ***Balearen*** im Mittelmeer und die ***Kanarischen Inseln*** im Atlantik.

Spanien

Hauptstadt: Madrid
Sprache: Spanisch, Baskisch, Katalanisch, Galicisch
Währung: Euro
Einwohner: 40 917 000
Fläche: 504 782 km²
Staatsform: Parlamentarische Monarchie
Mitglied in der EU seit 1986

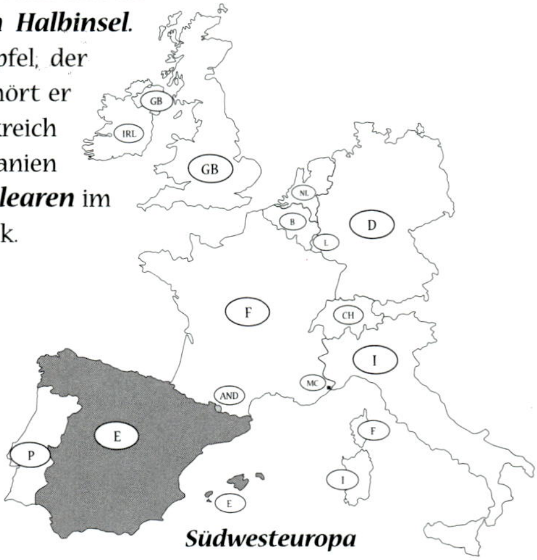

Südwesteuropa

Die Alhambra

In der Stadt ***Granada***, die in der Provinz Andalusien liegt, steht noch heute eine alte maurische ***Festungsanlage***, die Alhambra. Hier wohnten und regierten einige maurische Herrscher, aber auch christliche Könige. Alhambra heißt übersetzt „***rotes Schloss***". Das Bauwerk gehört heute zum Unesco-Weltkulturerbe.

Mensch und Natur

Spanien ist ein sehr großes Land und die Menschen sind warmherzig und ***temperamentvoll***. Viele Menschen leben hier von der Landwirtschaft, und der Süden des Landes sieht aus wie ein großes Gewächshaus. Die Spanier sind stolze Individualisten, gleichzeitig ist aber die ***Familie*** sehr wichtig. Durch die Eroberung der neuen Welt ist Spanisch nach Englisch, Chinesisch und Hindi die ***vierthäufigste Sprache*** der Welt.

Madrid

Madrid ist die Hauptstadt Spaniens. Doch das war nicht immer so. Früher war Toledo die Hauptstadt, bis sie in die Mitte des Landes versetzt wurde. In Madrid lebt heute der König. Die Stadt ist berühmt für ihre vielen Gemäldesammlungen. Hier steht eines der berühmtesten Museen der Welt, der ***Prado***.

Guten Tag heißt in Spanien ***¡Buenos dias!***
Die Spanier kündigen ihre Ausrufe und Fragesätze an, indem sie das Frage- oder das Ausrufezeichen verkehrt herum an den Anfang stellen. Nach dem Motto: Achtung, jetzt kommt eine Frage!

Barcelona

Barcelona ist die Hauptstadt ***Kataloniens***. Die Stadt liegt im Norden und gilt als eine der schönsten Städte des Landes. Zwar hat Barcelona eine uralte Geschichte und Bauten aus allen Epochen, doch das Wahrzeichen der Stadt ist eine Kirche aus dem 19. Jahrhundert: ***La Sagrada Familia*** des Architekten ***Antoni Gaudí***. Sie ist übrigens bis heute noch nicht fertig gestellt.

Andorra

Andorra ist ein kleines Fürstentum, das in den ***Pyrenäen*** zwischen Frankreich und Spanien liegt. Die Einwohner sprechen die gleiche Sprache wie die Katalanen Nordspaniens. Der Staat wurde bereits 1278 als ***Fürstentum*** unabhängig. Von den Kleinstaaten Europas ist Andorra der größte. Es gehört nicht zur Europäischen Union, dennoch zahlt man hier mit dem Euro. Das liegt daran, dass die ehemals gültige französische und spanische Währung durch den Euro ersetzt wurde.

Baskenland

Das Baskenland ist eine Region in Nordspanien und Südfrankreich, in der die Basken leben. Diese Volksgruppe kämpft seit Jahren, leider auch mit Gewalt, für ihre ***Unabhängigkeit***. In den Nachrichten hört man immer wieder von der ***ETA***, der Terror-Organisation der Basken.

Spanien und Andorra

Spanische Herrscher

Unter den vielen großen Monarchen Spaniens sind ***Isabella I. von Kastilien*** und ihr Mann ***Ferdinand II.*** besonders erwähnenswert. Sie gelten als Gründer des Königreichs Spanien. Isabella I. finanzierte den Seefahrer Christoph Kolumbus und schickte ihn auf Entdeckungsreise. Im 20. Jahrhundert übernahm der Diktator ***General Franco*** die Regierung. Er herrschte 36 Jahre lang. Seit 1975 ist Spanien eine parlamentarische Monarchie mit ***Juan Carlos I.*** als König.

Helden

Einer der ganz großen spanischen Literaten war der Schriftsteller ***Miguel de Cervantes***, der ein abenteuerlustiges Leben führte und sogar einmal als Sklave verkauft wurde. Er erfand die grandiose Geschichte des Ritters von der traurigen Gestalt, ***„Don Quijchote von La Mancha“***, dem Ritter, der gegen Windmühlen kämpfte.

Berühmte Maler

Der Spanier ***Pablo Picasso*** gilt als der größte Maler des 20. Jahrhunderts. Erwähnen muss man aber auch ***Jean Miró***, der geometrische Figuren malte, und ***Salvador Dalí***, der seine Träume in bizarren Bildern verewigte.

Geschichte

Einst hießen die Einwohner der Iberischen Halbinsel ***Iberer***. Sie kamen ursprünglich von Afrika nach Europa. Die Römer nannten Spanien ***Hispania***, was soviel heißt wie: „die Küste der Kaninchen“. Vom nahen Nordafrika aus überfielen islamische ***Mauren*** Spanien und drangen von dort in den Norden Europas vor. Erst der Großvater Karls des Großen, Karl Martell, stoppte die Mauren in Frankreich, sodass sie sich wieder nach Spanien zurückziehen mussten. Zum Ende des Mittelalters wurden sie schließlich auch aus Spanien vertrieben. Man nannte diese Vertreibung, ***Reconquista***, die Rückeroberung. Die Mauren bauten während ihrer Zeit in Spanien wunderbare Moscheen und Paläste, und einige spanische Städte, wie ***Saragossa*** oder ***Cordoba***, haben noch heute ein maurisches Erscheinungsbild.

Christoph Kolumbus

Lange sagte man, dass der Seefahrer Christoph Kolumbus ***1492*** die neue Welt, also Amerika, entdeckte. Das stimmt nicht, denn der Wikinger Leif Erikson war vor Kolumbus in Amerika. Doch erst mit Kolumbus hat sich das Weltbild der Europäer verändert. Kolumbus kam wahrscheinlich aus Genua in Italien. Spanien feiert seinen ***Nationalfeiertag*** am 12. Oktober, dem Tag, an dem Kolumbus die neue Welt entdeckte.

Inselglück mit 3 Dingen

Der Spanier nimmt auf seine Insel mit: ***Olivenöl***, ***Knoblauch*** und alles, was man für eine ***Siesta*** braucht.

Flamenco

Der Flamenco ist ein ***Volkstanz***, der höchstwahrscheinlich aus dem ***arabischen Raum*** kommt. Beim Tanzen halten die Tänzer manchmal ***Kastagnetten*** in der Hand. Kastagnetten sind Holzklappern, die rhythmisch im Takt aneinander geschlagen werden. Man geht davon aus, dass auch die Kastagnetten von den Mauren nach Spanien mitgebracht wurden.

Andere Länder andere Sitten

Die Spanier sind keine Frühaufsteher. Dafür gehen sie aber viel später ins Bett als die meisten Nordeuropäer, denn Abendessen gibt's erst ab 22 Uhr. Zwischen 14 Uhr und 17 Uhr hat in Spanien kaum ein Geschäft geöffnet: in dieser Zeit herrscht offiziell ***Siesta***. Es wird gegessen, geschlafen oder einfach nur ausgeruht.

Essen und Trinken

Die spanische Küche ist vielseitig und je nach Region sehr unterschiedlich. Doch zwei Dinge lieben alle Spanier: das ***Olivenöl*** und den ***Knoblauch***. Berühmt ist die Reispfanne, ***Paëlla*** genannt, die aus Valencia stammt. Die Spanier essen aber auch mal einen Happen zwischendurch: das sind die berühmten ***Tapas***.

Der Jakobsweg

Der Apostel Jakobus hatte den Auftrag, in Spanien den christlichen Glauben zu verbreiten. Seine Gebeine sollen im Wallfahrtsort ***Santiago de Compostela*** beerdigt liegen. Um das Jahr 1000 begannen Menschen zu Fuß dorthin zu pilgern: auf insgesamt vier verschiedenen Wegen. Im Mittelalter waren manchmal so viele Menschen unterwegs, dass es auf den Straßen ***Staus*** gab.

Stierkampf

Der traditionelle Stierkampf ***(Corrida)*** ist ein Machtkampf zwischen Mensch und Stier. Der Stierkämpfer, ***Torero*** genannt, kämpft bei der Corrida gegen den Stier und muss ihn am Ende töten. Der Stierkampf hat in Spanien eine lange Tradition und ist eines der bekanntesten, aber auch umstrittensten Rituale Spaniens. Stiere galten in den alten Religionen als Opfertiere und standen für Macht und Stärke. Töten darf ihn nur der ***Matador***, was übersetzt Töter heißt.

Italien

Geografie

Italien liegt im Süden Europas und hat mit Griechenland die europäische Geschichte stark beeinflusst. Das Land hat die Form eines Stiefels. Es grenzt an Frankreich im Westen, im Norden an Österreich und die Schweiz und im Osten an Slowenien.

Italien

San Marino

Malta

Vatikanstadt

San Marino

San Marino ist eine der ältesten Republiken der Welt und vollkommen von Italien umgeben. Hier wird italienisch gesprochen.

Einwohner: 27 000
Fläche: 60,5 km²

Italien

Hauptstadt: Rom
Sprache: Italienisch, regional auch Deutsch, Französisch und Slowenisch
Währung: seit 2001 Euro
Einwohner: 57 690 000 Einwohner
Fläche: 301 336 km²
Staaatsform: Republik
Mitglied der EU seit 1951 (Gründungsmitglied)

Malta

Malta ist ein kleiner Inselstaat südlich von Italien. Hier wird maltesisch und englisch gesprochen. Malta besteht aus drei Inseln: Malta, Gozo und Gomino.

Einwohner: 382 000
Fläche: 315,6 km²

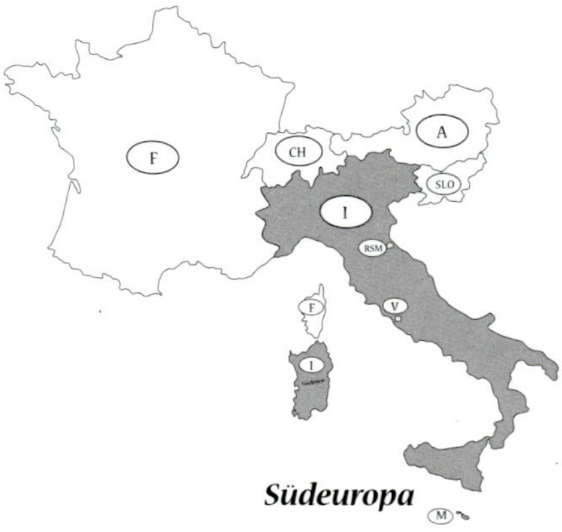

Vatikan

Ein Teil Roms ist ein selbständiger Staat: der Vatikan. Er ist Wohnsitz des Papstes, dem Oberhaupt der katholischen Kirche. Der Papst in Rom wird seit 1506 von der Schweizergarde bewacht.

Einwohner: 458
Fläche: 0,44 km²

Mensch und Natur

Die Italiener sind geprägt von ihrer alten Geschichte und sehr stolze Menschen. Italien hat ein starkes ***Nord-Süd Gefälle.*** Das bedeutet, das der Norden reich und kühl, der Süden aber heiß und arm ist. So findet man im Norden eher den ***Mode*** bewussten und ***Kaffee*** trinkenden Italiener, im Süden dagegen den eher bäuerlich Armen, der die ***Mafia*** fürchtet.

Vulkane

In Italien gibt es noch aktive Vulkane. Bei Neapel liegt der ***Vesuv***, der am 24. August 79 nach Christus so heftig ausgebrochen ist, dass er die Städte ***Pompeji*** und ***Herculaneum*** verschüttete. Das verschüttete Pompeji wurde 1748 entdeckt und es war so perfekt erhalten, dass man heute genau sehen kann, wie die Menschen damals lebten. Auch auf Sizilien ist ein Vulkan, der heute noch aktiv ist: der ***Ätna***.

Rom

Rom, die Stadt auf den sieben Hügeln, soll der Geschichte nach von den Brüdern ***Romulus*** und ***Remus*** gegründet worden sein: am 21. April 753 vor Christi Geburt. Sicher ist aber, dass an diesem Ort bereits viel früher Menschen lebten. Rom ist die Hauptstadt Italiens, die man auch die ***Ewige Stadt*** nennt, denn hier ballt sich europäische Geschichte. Viele Bauten erzählen vom Römischen Reich, das hier vor etwa 1600 Jahren herrschte. Eines der bekanntesten Bauwerke ist das ***Kolosseum***, in dem Mensch und Tier gegeneinander kämpften.

Weißt du eigentlich,
wie man sich in Italien begrüßt?
Guten Tag heißt in Italien:
Bon Giorno oder auch
Ciao!

Toscana

Die Stadt ***Pisa*** liegt in der Toscana. Sie ist die Stadt des Mathematikers und Physikers ***Galileo Gallilei*** (1564 – 1642). Er beobachtete mit einem Fernglas die Sterne und machte sich mit seinen Entdeckungen in Politik und Kirche nicht nur Freunde. In dieser Stadt steht auch der ***Schiefe Turm*** von Pisa, der allerdings nicht absichtlich schief gebaut wurde.

Venedig

Eine der schönsten Städte Norditaliens ist die ***Lagunenstadt*** Venedig. Sie ist fast vollständig auf Holzstämmen gebaut und beeindruckt durch das Kanalsystem, in dem ***Gondeln*** wie Taxis unter Brücken herfahren. Das Wappen der Stadt ist der ***geflügelte Löwe***, der für Macht steht.

Italien

Michelangelo

Viele berühmte Bildhauer und Maler kamen aus Italien und verewigten sich besonders in Rom. Sie hinterließen Skulpturen, Kirchen und auch Brunnen. Im Petersdom, der wichtigsten Kirche des Christentums, steht zum Beispiel die ***Pièta*** von Michelangelo, einem der größten Bildhauer Europas.

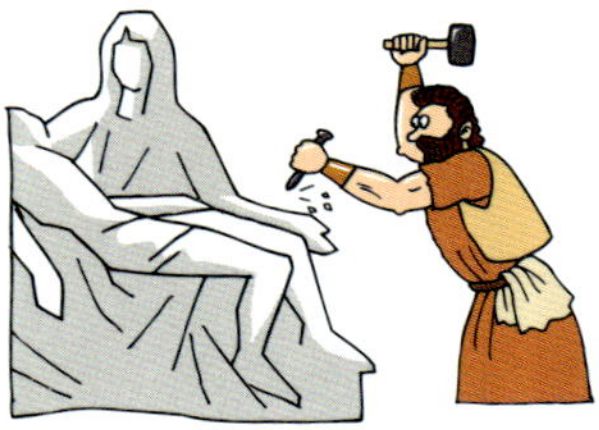

Helden

Pinocchio ist der bekannteste Kinderheld Italiens. Er ist eine Holzpuppe, die in die große weite Welt zieht, um das Leben kennen zu lernen. Immer wenn er lügt, wird seine Nase länger. Geschrieben wurde das Buch von ***Carlo Collodi***.

Inselglück mit 3 Dingen

Wenn der Italiener drei Dinge auf eine einsame Insel mitnehmen dürfte: Es wären sein ***Handy***, seine ***Sonnenbrille*** und eine ***Espressomaschine***.

Geschichte

Das Römische Reich der Antike war sehr mächtig und breitete sich und seine Kultur in ganz Europa aus. ***Julius Cäsar***, ein berühmter Feldherr und Kaiser Roms (Imperator), führte viele ***Kriege*** und kam mit seinem Heer bis England. Überall in Europa findet man heute Überreste der Römer: Theater, Straßen, Baderanstalten (Thermen) und Wasserstraßen (Aquädukte).

Leonardo da Vinci

Mehr als 100 Jahre vor der Geburt des Wissenschaftlers Galileo Galilei wurde ein Mann bei Florenz geboren, der noch heute als Alleskönner bezeichnet wird. Das ***Universalgenie*** Leonardo da Vinci konnte nicht nur hervorragend malen. Er studierte auch den menschlichen Körper, konstruierte Maschinen und Flugkörper, interessierte sich für Architektur und beschäftigte sich mit der Zeit. Sein bekanntestes Bild ist die ***Mona Lisa***, die Frau mit dem geheimnisvollen Lächeln. Das Bild hängt im Louvre in Paris.

Andere Länder, andere Sitten

Die Italiener fahren viel ***schneller Auto***, auch hupen sie mehr als wir. Hier ist ***Hupen*** aber überhaupt nichts Schlimmes. Im Gegenteil. Hupen heißt hier: „Hallo du da, ich bin auch noch da!" Oder: „Pass auch auf mich auf". Wer bei uns allerdings hupt, wird meist böse angeschaut, denn die Hupe gilt als unhöflich.

Essen und Trinken

Der Italiener liebt seine ***Nudeln*** und seine ***Pizza***. Er liebt aber auch ***Fisch***- und ***Fleischgerichte*** und macht aus Maismehl eine himmlische ***Polenta***. Die Kartoffel findet sich in Italien in den Gnocchi wieder. ***Gnocchi*** sind Nudelbällchen aus Kartoffelteig und schmecken mit verschiedenen Saucen sehr lecker.

Pasta weltweit

Die Chinesen aßen Nudeln bereits ***vor 4000 Jahren***, und jahrelang hielt sich die Legende, dass ***Marco Polo*** die Nudel erst im 13. Jahrhundert aus ***China*** nach Italien mitgebracht hat. Heute weiß man aber, dass in Italien schon zur Zeit der Etrusker (700 bis 100 vor Christus) Nudeln gegessen wurden. Es waren übrigens die ***Araber***, die die Nudeln trockneten und damit haltbar machten.

Die Mafia

In Italien ist die Mafia allgegenwärtig – in Sizilien, Neapel und Kalabrien. Hinter der Mafia steckt das organisierte ***Verbrechen***. Die Mafia ist längst in andere Länder vorgedrungen und der bekannteste Mafiaboss war der Italiener ***Al Capone***, der in Chicago (in Amerika) sein Unwesen trieb. Das Wort Mafia kam Mitte des 19. Jahrhunderts in ***Sizilien*** in Umlauf: Fern der Hauptstadt herrschte dort ein Machtvakuum, das von einer Art Selbsthilfeorganisation gefüllt wurde. Sie garantierte der Bevölkerung Schutz und ließ sich dies gut bezahlen. Der Ursprung des Wortes Mafia ist unklar. Es könnte vom toskanischen Wort „maffia" für „Elend, Not" kommen.

Das Römische Reich

Wusstet ihr, dass die Römer gerne badeten und dass sie mehrere, in verschiedenen Temperaturen eingeteilte, Bäder hatten, die von unten beheizt wurden? Und wusstest du, dass die Römer bereits Fußbodenheizungen hatten und die römische Kanalisation, Kloake genannt, in Rom ganz normal war? Frage einmal deine Eltern, ob irgendwo in eurer Nähe eine römische Anlage ist. Wenn ihr zum Beispiel in der Nähe des Rheins wohnt, dann kannst du sicher sein, dass ein Theater, ein Bad oder eine Befestigungsmauer nicht weit entfernt liegt. Entlang des Rheins war nämlich eine wichtige Grenzlinie der Römer: Limes genannt.

Das Römische Reich war ein sehr mächtiges Reich, das über ganz Europa herrschte und viele bekannte Bauwerke hinterlassen hat.

Der Legende nach wurde Rom am 21. April 753 vor Christi Geburt von den Zwillingen Romulus und Remus gegründet. Die Legende erzählt, dass die beiden Zwillinge von einer Wölfin mit Milch aufgezogen wurden. Rom, die Stadt auf den sieben Hügeln, war damals keine Stadt sondern ein Königreich.

Ein großer Herrscher Roms war zum Beispiel Gaius Iulius Caesar, der in ganz Europa auf Eroberungszügen unterwegs war.

Das Römische Reich war ein sehr mächtiges Reich und es hatte kluge aber auch verrückte oder grausame Herrscher.

Kennst du Augustus, der zur Zeit Christi lebte? Oder Nero, der Rom anzündete? Hast du schon einmal etwas von Vespasian gehört, der das Kolosseum in Rom bauen ließ?

Alle diese Herrscher beeinflussten die Politik und Kultur in ganz Europa. Bauten der Römer findet man heute in fast ganz Europa und sie zeigen, wie genial die Architekten damals waren.

Kroatien und Slowenien

Kroatien

Slowenien

Geografie Kroatien

Kroatien, das, wie Slowenien, nach dem Zweiten Weltkrieg zu Jugoslawien gehörte, grenzt an Slowenien, Ungarn, Serbien, Bosnien-Herzegowina und Montenegro. Obwohl das Land nicht sonderlich groß ist, hat es eine 1777 km lange Mittelmeerküste und ist eine bekannte Ferienregion.

Geografie Slowenien

Slowenien, umgeben von Italien, Österreich, Ungarn und Kroatien, liegt nur mit einem ganz kleinen Abschnitt an der Adria. Im Norden grenzt das Land an die Alpen, wo man gut Ski laufen kann.

Slowenien

Hauptstadt: Ljubljana
Sprache: Slowenisch
Währung: Tolar
Einwohner: 1 988 000
Fläche: 20 253 km²
Staatsform: Republik
Mitglied der EU seit 2004

Kroatien

Hauptstadt: Zagreb
Sprache: Kroatisch
Währung: Kuna
Einwohner: 4 460 000
Fläche: 56 542 km²
Staatsform: Republik

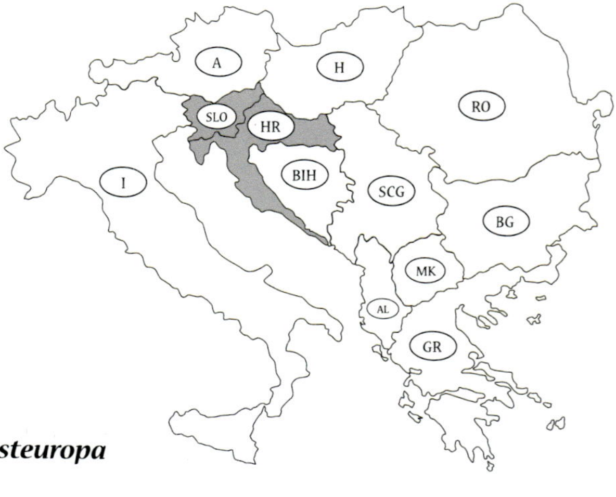

Südosteuropa

Lipizzaner Pferde

Die weißen, wunderschönen Lipizzaner-Pferde sind die älteste ***Kulturpferderasse*** Europas. Gezüchtet wurden sie einst in dem Dorf ***Lipizza***, das in Slowenien liegt. Der österreichische Kaiser Ferdinand I. ließ sie 1580 dort züchten. Die Pferde werden seit Jahrhunderten für die Spanische Hofreitschule in Wien verwendet und hier bei Veranstaltungen vorgeführt.

Arena in Pula

Da die gesamte adriatische Küste lange römisch besetzt war, findet man hier überall Theater und andere antike Bauten. In Istrien in der Stadt Pula liegt die sechstgrößte römische Arena der Welt.

Dubrovnik

Dubrovnik ist eine der schönsten Städte der Welt und die ***Altstadt*** gehört zum Unesco Kulturerbe. Die Stadt war lange ein unabhängiger Stadtstaat und wurde auf italienisch Ragusa genannt. Noch heute stehen Bauwerke aus allen Epochen im Stadtkern. Eines der Denkmäler ist die ***Rolandstatue***, die in ganz Europa als Sinnbild für Freiheit und Selbstständigkeit aufgestellt wird. Ähnliche Statuen stehen in Nord- und Ostdeutschland (z.B. Hamburg, Bremen) sowie in Prag und Verona. Sogar in Brasilien steht eine.

Plitvicer Seen und die Krka-Wasserfälle

Naturparks mit Seen sowie Wasserfällen sind in Kroatien keine Seltenheit. Der Nationalpark Plitvicer Seen ist ein urwaldähnlicher Seenverbund mit 16 Seen. Er gehört zum Unesco-Weltkulturerbe. Berühmt wurde der Park auch durch die ***Winnetou-Filme***, die hier gedreht wurden. Hier leben noch heute Bären und Wölfe. Eine andere Attraktion sind die ***Krka-Wasserfälle***, die bei Vodice eine Badeattraktion sind.

Slowenien und Europa

Slowenien ist stark von Österreich, Italien und dem Staatenverbund Jugoslawien geprägt worden. Seit 1991 ist das Land selbstständig, 2004 wurde Slowenien in die Europäische Gemeinschaft aufgenommen.

Höhlen

Die ganze Adriaküste besteht aus Kalkstein, der über Jahrtausende vom Wasser ausgehöhlt wurde. Dadurch bildeten sich phantastische Höhlen. Die ***Adelsberger Grotten*** bei Postojna in Slowenien, gehören zu den größten Höhlen Europas. Ein Zug bringt die Besucher nach innen. In dem Karl-May-Film Winnetou II kann man diese Höhlen als Fluchthöhle der Assiniboins bewundern.

Bosnien-Herzegowina und Serbien-Montenegro

Bosnien-Herzogowina

Serbien-Montenegro

Geografie

Serbien gehörte früher einmal zu Jugoslawien, einem Vielvölkerstaat mit ganz unterschiedlichen Religionen.

Bosnien-Herzegowina

Hauptstadt: Sarajevo
Sprache: Bosnisch, Serbisch, Kroatisch
Währung: Konvertible Mark
Einwohner: 4 112 000
Fläche: 51 129 km²
Staatsform: Republik

Serbien-Montenegro

Hauptstadt: Belgrad
Sprache: Serbisch
Währung: Dinar
Einwohner: 10 400 000
Fläche: 102 173 km²
Staatsform: Staatenunion

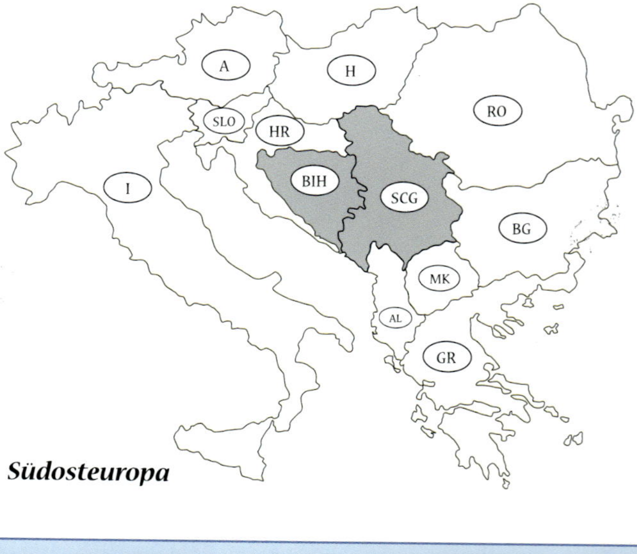

Südosteuropa

Belgrad

Die Hauptstadt Serbiens ist Belgrad. Belgrad heißt übersetzt die weiße Stadt. Stadtkern Belgrads ist der ***Kalemegdan***, eine beeindruckende Festung die im Mittelalter eine der stärksten militärischen Anlagen Europas war.

Geografie Bosnien

Bosnien-Herzogowina gehörte einst zu Jugoslawien und früher zu Österreich. Es grenzt heute an Serbien und Kroatien und hat nur 19 Kilometer Adriaküste.

Das Eiserne Tor

Das eiserne Tor ist der ***Donaudurchbruch*** durch zwei Gebirge, zwischen Rumänien, Serbien und Montenegro. Es ist der gefährlichste Abschnitt der ganzen Donau. Von hier pfeift ein Wind, ***Kosava*** genannt, eisig bis nach Belgrad.

Kosovo

Heute gehört der Kosovo zu Serbien und ist eine kleine Region, in der häufig gekämpft wurde. Früher war diese Gegend auch als ***Amselfeld*** bekannt. Hier wurde im Mittelalter eine große Schlacht entschieden, die noch heute den Balkan prägt: Christen gegen Muslime. Damals verloren die Serben den Kampf gegen die Türken.

Geschichte Bosnien-Herzogowina

Leider nennt man Bosnien-Herzegowina auch das ***Pulverfass*** Europas, denn hier wurden Kriege ausgelöst und geführt. Grund dafür ist, dass zwei Religionen aufeinander prallen: ***Christen und Muslime.*** Das Land hat eine uralte Geschichte mit ehemals reichen und multikulturellen Städten, weil der alte Handelsweg zwischen Adria und Donau durch Bosnien-Herzegowina führte.

Sarajevo

Sarajevo ist die Hauptstadt von Bosnien-Herzogowina. Bekannt ist sie heute als der Ort, an dem der ***Erste Weltkrieg*** ausgelöst worden ist. Hier wurde damals der österreichische Thronfolger Franz Ferdinand getötet.

Mostar

Berühmt ist auch die ***bosnisch-orientalische*** Stadt Mostar. Im Wappen der Stadt steht eine Brücke, die ***Stari Most.*** Diese wunderschöne alte Brücke führte bis 1993 über den Fluss und verband zwei durch den Fluss getrennte Stadtteile. Nachdem sie im Krieg um Bosnien zerstört worden war, wurde die Brücke 2004 wiedereröffnet.

Albanien und Mazedonien

Albanien

Mazedonien

Geografie Mazedonien

Es liegt westlich von Bulgarien und ist von Serbien, Albanien und Griechenland umgeben. Mazedonien, ein sehr bergiges Land, ist Teil des antiken Makedonien. Der andere Teil liegt im heutigen Griechenland.

Geografie Albanien

Albanien grenzt an Montenegro, den Kosovo, Mazedonien und Griechenland und liegt an der Adria, am Mittelmeer.

Albanien

Hauptstadt: Tirana
Sprache: Albanisch
Währung: Lek
Einwohner: 3 411 000
Fläche: 28 748 km²
Staatsform: Republik

Mazedonien

Hauptstadt: Skopje
Sprache: Mazedonisch, Albanisch
Währung: Denar
Einwohner: 2 031 000
Fläche: 25 713 km²
Staatsform: Republik

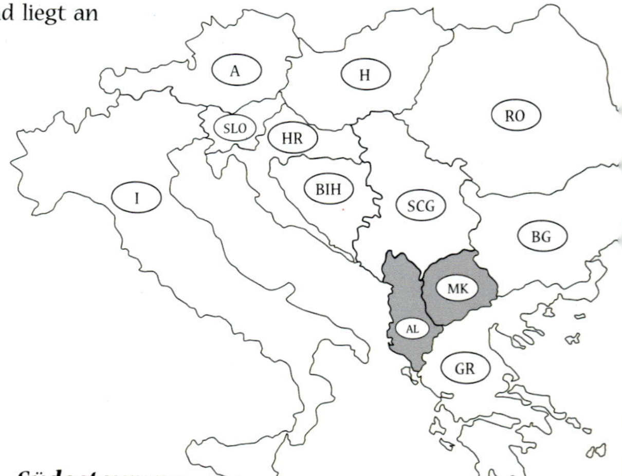

Südosteuropa

Geschichte Mazedonien

Die mazedonische Geschichte reicht weit zurück und das Land kann auf eine bewegte Geschichte mit berühmten Helden zurückblicken. Auch die Makedonen nahmen an den Olympischen Spielen teil und der erste makedonische König Archelaos wurde Sieger im Viergespann. Er baute eine neue Hauptstadt, Pella, die im heutigen Griechenland liegt. Alexander der Große wurde hier geboren.

Albanien

Albanien ist ein sehr armes Land, sehr bergig und Tirana ist die Hauptstadt des Landes. Das Stadtbild wird durch die Reiterstatue des albanischen Fürsten Skanderbeg geprägt, der Albanien gegen die Türken verteidigte. Bis 1990 war es den Albanern verboten, eine Religion auszuüben, doch die Mehrheit ist islamischen Glaubens.

Alexander der Große

Vielleicht habt ihr im Geschichtsunterricht schon von dem Spruch gehört: ***333 bei Issos Keilerei.*** Es war eine gigantische Schlacht, die Alexander der Große gegen den osmanischen König Dareios II. führte und gewann. Diese Schlacht war so wichtig, dass selbst in Pompeji (siehe Italien) ein ***Mosaikbild*** dieser Schlacht angefertigt wurde. Der Sohn Philipps II. war ein großer, aber herrischer ***Feldherr***, der von Griechenland über Ägypten nach Kleinasien eindrang (heute Türkei), nach Babylon (im heutigen Irak) ritt und sogar bis Indien kam. Er starb bereits mit 32 Jahren und sein neues Reich zerfiel nach seinem Tod.

Mutter Teresa

Die albanische Nonne Mutter Teresa ist Gründerin des Ordens ***„Missionarinnen der Nächstenliebe"***. Sie baute im indisc-chen Kalkutta ein Krankenhaus auf und erhielt 1979 den Friedensnobelpreis. 2003 wurde sie vom Papst für ihre Arbeit selig gesprochen.

Die Seidenstraße

Auf der Karte könnt ihr sehen, wie der chinesische Seefahrer Zheng He einst die „Seidenstraße zur See“ bereiste. Schaut euch aber die prächtige chinesische Dschunke an und zählt die bunten Vögel, die Segel und die Piraten. Wenn ihr die drei Ergebniszahlen hintereinander schreibt, dann erfahrt ihr, wann Zheng He zu seiner letzten Fahrt aufgebrochen ist.

Auflösung:
1 bunter Vogel, 4 Segel, 33 Piraten = 1433

Handel auf der grünen Wiese

Wie viele Insekten kannst du auf dem Bild finden? Kriegst du raus, wie viele Blumensamen-Tütchen bereits verkauft sind? Und kannst du der kleinen Biene rechts unten helfen, aus dem Schneelabyrinth herauszufinden, ohne dass sie über die Tannennadeln steigen muss?

Auflösung:
11 Samentütchen sind schon verkauft. Es sind insgesamt 34 Insekten. Schneelabyrinth:

Griechenland

Griechenland

Geografie

Griechenland liegt in Südosteuropa und hat zum bestehenden Festland noch 3054 Inseln. Allerdings sind nur 167 davon bewohnt.

Die bekanntesten Inseln sind: ***Kreta***, ***Rhodos***, ***Naxos***, ***Santorin*** und ***Mykonos***.

Mönchsrepublik Athos

Bei Thessaloniki gibt es eine dreiarmige Halbinsel, ***Chalkidike*** genannt. Der östlichste Zipfel ist die Mönchsrepublik ***Athos*** mit 1536 Einwohnern. 20 größere und zahlreiche kleinere Klöster sind hier auf engem Raum. Hier leben ausschließlich ***Mönche***, Frauen haben kein Zutrittsrecht. Das älteste Kloster ist aus dem Jahr 963: es ist also mehr als 1000 Jahre alt!

Griechenland

Hauptstadt: Athen
Sprache: Griechisch
Währung: Euro
Einwohner: 10 631 000
Fläche: 131 957 km²
Parlamentarische Repuplik seit 1953
Mitglied der EU seit 1981

Zypern

Zypern ist seit 1960 ein ***unabhängiger Staat***. Seit 1974 ist die Insel geteilt: in einen ***griechischen Teil*** im Süden und einen ***türkischen Teil*** im Norden.

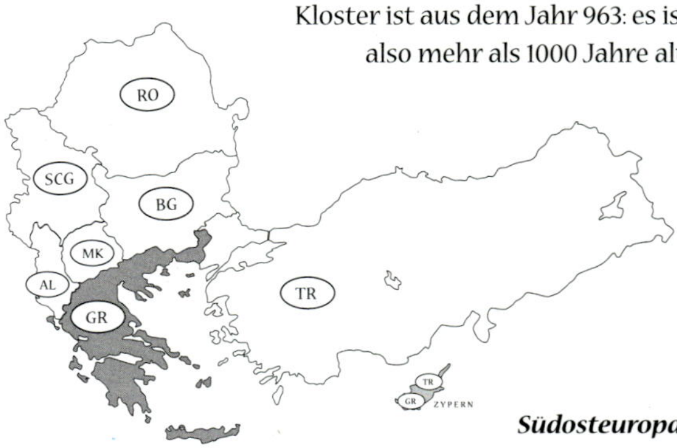

Südosteuropa

Athen

In Griechenland bildeten sich erste demokratische Stadtstaaten bereits um 800 vor Christi Geburt. Sie wurden ***polis*** genannt. Auch Athen war ein solcher ***Stadtstaat***, der oft im Krieg mit anderen Städten lag, zum Beispiel mit Sparta. Die Stadt ist nach der griechischen ***Göttin Athene*** benannt, die die Lieblingstochter des Hauptgottes Zeus war. Der älteste Teil der Stadt liegt auf einem Berg: die ***Akropolis***, sie ist das Wahrzeichen der Hauptstadt.

Mensch und Natur

Ziegen, Schafe, Eselskarren und Olivenbäume prägen die Landesnatur des Staates. Die Griechen tanzen sehr gerne. Der berühmteste Tanz der Griechen heißt ***Sirtaki:*** Er ist ein Volkstanz, der sehr langsam beginnt, dann aber immer schneller wird.

Weißt du eigentlich, wie man sich in Griechenland begrüßt? Guten Tag heißt auf Griechisch:

Kalimera!

Eulen nach Athen tragen

„Du willst einem Franzosen Wein mitbringen? Das hieße doch, Eulen nach Athen tragen!" In diesem Fall soll gesagt werden, dass dieser Franzose Wein in Hülle und Fülle besitzt - es ist also unnötig, ihm noch mehr zu bringen.

Die Redensart reicht ins Altertum zurück: Die alten Griechen hielten die ***Eule für klug***, weil sie auch im Dunkeln sieht; daher war sie ein Attribut von Athene, der Schutzgöttin Athens. So kam es, dass es in dieser Stadt - von den vielen lebenden Eulen abgesehen - auch ***zahlreiche Bildnisse*** dieses Vogels gab. Keine Frage, dass es ***überflüssig*** war, noch mehr dieser Tiere dorthin zu bringen.

Akropolis

Mit Akropolis wird allgemein ein ***ummauerter Platz***, ein Zufluchtsplatz, ein Herrschersitz oder auch ein ***Tempelbezirk*** bezeichnet.

Griechenland

Griechische Götter

Alle Völker haben Götter oder einen Gott, den sie anbeten. Wenn auch die Griechen heute mehrheitlich Christen sind (griechisch-orthodox), hatten sie in der Antike viele berühmte Götter, die unterschiedliche Bereiche betreuten. Die Götter lebten auf dem ***Olymp*** und wurden vom Göttervater ***Zeus*** geführt. Um diese Gestalten gibt es viele Geschichten und Sagen (Mythologie).

Helden

Weil der Sohn des Trojaner-Königs die schöne Helena geraubt hatte, belagerten die Griechen die sagenumwobene Stadt Troja. Ein riesengroßes Geschenk, das ***trojanische Pferd,*** half Krieger in die Stadt einzuschmuggeln. Zwei sehr wichtige Bücher kommen aus dieser Zeit: die ***Ilias,*** das die Belagerung Trojas beschreibt sowie die zehnjährige Heimfahrt des Helden Odysseus, die ***Odyssee***. Beide wurden durch den antiken Dichter ***Homer*** verfasst.

Geschichte

Griechenland hat eine der ***ältesten Kulturen*** Europas und viele Dinge unseres Lebens bauen sich auf den Traditionen Griechenlands auf – in der Kunst, in der Politik, in der Philosophie aber auch im Sport. Griechenland gilt als ***Ursprung der Demokratie.***

Demokratie

Das Wort kommt aus dem Griechischen und bedeutet ***Herrschaft des Volkes.*** Die Herrschaft des Volkes steht heute im Gegensatz zur Diktatur.

Europa

Zeus verliebte sich regelmäßig in hübsche Frauen, die er manchmal entführte oder vor seiner eifersüchtigen Frau Hera versteckte. Europa, eine hübsche junge Frau, war eine der ***Geliebten des Zeus,*** der sie auf einem Stier nach Kreta entführte. Der Kontinent Europa ist nach ihr benannt.

Inselglück mit 3 Dingen

Die Griechen würden ein ***Kafenion*** (das ist ein griechisches Kaffeehaus), viele ***Freunde*** zum Diskutieren (Rhetorik - die Kunst des Redens kommt aus Griechenland) und ein ***Radio,*** denn der Grieche liebt Musik , mitnehmen.

Andere Länder, andere Sitten

Wenn du einmal in Griechenland eingeladen wirst, solltest du wissen, was man als Geschenk mitbringt. Die Griechen lieben schön verpackte ***Süßigkeiten.*** Und wie feiern griechische Kinder Weihnachten? Sie ziehen mit Trommel und Glocken durch die Straßen und singen ***„Kalanda“***, das sind glücksbringende Lobgesänge.

Antike

Lange glaubte man, dass diese aufregenden Geschichten erfunden sind, bis Heinrich Schliemann im 19. Jahrhundert den ***Stadtstaat Troja*** in der Türkei ***entdeckte.*** Seitdem weiß man, dass den alten Geschichten ein ***wahrer Kern*** zugrunde liegt.

Essen und Trinken

Die Griechen haben ein sehr umfangreiches Essensangebot, wobei ***Oliven, Schafskäse***, Paprika, Tomaten und ***Lammfleisch*** zu den wichtigsten Nahrungsmitteln gehören. Die Griechen essen Kartoffel ausgesprochen gern und sie genießen sie in Aufläufen. Vermischt mit Gemüse und Hackfleisch sowie Tomaten werden sie zur berühmten ***Moussaka.***

Die Olympischen Spiele

Die Olympischen Spiele kommen ***ursprünglich*** aus Griechenland und wurden bereits um ***776 vor Christi Geburt*** ausgetragen. Das bedeutet vor fast 3000 Jahren. Jeder durfte mitmachen, wenn er frei und kein Dieb oder Räuber war. Damals traten die Sportler (auf griechisch: „Athleten“) nackt an: im Laufen, beim Faustkampf, im Weitsprung, beim Diskuswerfen und Speerwerfen, im Fünfkampf, beim Boxen oder auch im Bogenschießen. Die wichtigste Sportart, (auf griechisch: „Disziplin“) aber war das ***Pferde- und Wagenrennen.***

Sprachen

Sprachen sind wichtig, um sich miteinander verständigen zu können.

Wissenschaftler gehen davon aus, dass es etwa 6500 gesprochene Sprachen auf der Welt gibt. Chinesich ist dabei die am häufigsten gesprochene Sprache der Welt, dann folgt auf Platz zwei Englisch, auf Platz drei Hindi (Indien) und auf Platz vier steht Spanisch.

Zusätzlich gibt es noch einige alte Sprachen, die heute zwar nicht mehr gesprochen werden, die aber Grundlage unserer Kulturen sind: Das sind zum Beispiel Latein, Altgriechisch und Hebräisch. Man nennt sie „tote Sprachen", weil sie von keinem lebenden Volk mehr gesprochen werden.

Die griechische Sprache ist eine der ältesten Sprachen der Welt.

Sehr große und wichtige Werke unserer Geschichte wurden in altgriechisch aufgeschrieben: z.B. die Ilias und die Odyssee von Homer. (siehe Griechenland).

Altgriechisch wurde vor 2500 Jahren in Athen gesprochen und verbreitete sich unter anderem durch die Feldzüge des Feldherrn Alexander des Großen (siehe Makedonien). Und wusstest du, dass der neuere Teil der Bibel, also das neue Testament, ursprünglich auf griechisch verfasst wurde?

Die sogenannten romanischen Sprachen wie Italienisch, Spanisch, Französisch, Rumänisch und Portugiesisch haben ihren Ursprung im Lateinischen – der Sprache des römischen Reiches.

Diese alten Sprachen hatten auch einen Einfluss auf die deutsche Sprache, denn Grammatik, Satzbau und viele Wörter sowie unser Alphabet stammen von den alten Griechen ab. Schau dir einmal die Buchstaben der alten Griechen an (vor 2400 Jahren). Sehen die nicht fast wie unsere Buchstaben aus?

Α	Β	Γ	Δ	Ε	
Ν	Ο	Π		Ρ	Σ
Η	Ι	Κ	Λ	Μ	
Τ	Υ		Χ		Ζ

Türkei (europäischer Teil)

Türkei

Hauptstadt: Ankara
Sprache: Türkisch
Währung: Türkische Lira
Einwohner: 65 311 000
Fläche: 779 452 km²
Staatsform: Republik

Istanbul

Istanbul ist eine der wichtigsten Städte der europäischen Kultur und ist auch heute die größte Stadt der Türkei. Mit einer fast 3000 Jahre alten Geschichte ist sie eine der ältesten noch bewohnten Städte der Welt. Unter den Römern wurde sie ***Konstantinopel*** genannt. Viele Jahre stand hier die größte christliche Kirche der Welt, die ***Hagia Sophia***. Mit dem Islam wurde sie in eine Moschee mit Minarett-Türmen umgewandelt.

Byzanz

Das heutige Istanbul ist die einzige Stadt, die sich auf zwei Kontinente erstreckt. Schon in frühester Zeit war sie ein wichtiges kulturelles Zentrum und eine ***Weltstadt.*** Ursprünglich wurde sie unter dem Namen Byzanz von den Griechen gegründet. Später gehörte sie zum Römischen Reich und wurde Hauptstadt der oströmischen Gebiete. Von da an führte sie den Namen Konstantinopel.

Europa und die Türkei

Die Türkei gilt als Nachfolgestaat des ***Osmanischen Reiches.*** Nur drei Prozent des Staates liegen auf dem europäischen Kontinent. Dennoch haben die Türkei, das Osmanische Reich und der Islam einen sehr großen Einfluss auf Europa ausgeübt (siehe Balkanländer). Die Türkei grenzt auf dem europäischen Kontinent an Griechenland und Bulgarien. Doch wo endet Europa und wo beginnt Asien? Es ist die ***Landenge des Bosporus***, an dem sich das Schwarze Meer auf der einen Seite und das Mittelmeer auf der anderen Seite erstreckt. Genau hier liegt die Grenze zwischen den beiden Kontinenten Europa und Asien.

Ankara und Angora

Man kennt Angora-Pullis, die aus kuscheliger Wolle gestrickt sind. Lieferant dieser Wolle sind nicht die Angora-Ziegen, wie man meinen könnte. Die Haare der Angora-Ziege werden nämlich zu der ebenso begehrten Mohair-Wolle verarbeitet. Nur das luftig leichte Haar des Angora-Kaninchens darf heute als ***Angora-Wolle*** verkauft werden. Aber wieso heißen diese Tiere dann alle gleich? Ganz einfach: Der Name ist eine Art ***Herkunftsbezeichnung***, denn Angora ist der alte Name der türkischen Hauptstadt Ankara.

Internationale Kennzeichen

A	Österreich
AL	Albanien
AND	Andorra
B	Belgien
BG	Bulgarien
BIH	Bosnien-Herzegowina
BY	Weißrussland (Belarus)
CH	Schweiz
CY	Zypern
CZ	Tschechische Republik
D	Deutschland
DK	Dänemark

E	Spanien
EST	Estland
F	Frankreich
FIN	Finnland
FL	Liechtenstein
GB	Großbritannien
GR	Griechenland
H	Ungarn
HR	Kroatien
I	Italien
IRL	Irland
IS	Island

L	Luxemburg
LT	Litauen
LV	Lettland
M	Malta
MC	Monaco
MD	Moldawien
MK	Mazedonien
N	Norwegen
NL	Niederlande
P	Portugal
PL	Polen
RO	Rumänien
RSM	San Marino
RUS	Russische Föderation
S	Schweden
SK	Slowakische Republik
SLO	Slowenien
SCG	Serbien/Montenegro
TR	Türkei
UA	Ukraine
V	Vatikanstadt

Stichwortverzeichnis

Stichwortverzeichnis

Schul-Memory

Material: Klebstoff, farbiger Karton, kleine Schachtel

Möchtest du gern dein eigenes Memory-Spiel haben? Dann klebe diese Seite auf einen farbigen Karton und schneide anschließend die einzelnen Karten aus. Herumtragen und aufbewahren kannst du das Spiel in einer kleinen Schachtel.